BREL

Note de l'éditeur :
Un choix fatalement injuste a dû être effectué pour sélectionner les chansons présentes dans cet ouvrage.
Que ceux qui regrettent l'absence de grands classiques nous pardonnent et comprennent
que nous ne pouvions mettre en images toutes les chansons de Brel.

Photo de couverture : Jean-Pierre LELOIR

Éditions Vents d'Ouest
31-33, rue Ernest-Renan
92130 Issy-les-Moulineaux
Tél. : 01 41 46 11 46
Fax : 01 40 93 05 58

Dépôt légal Novembre 1997
ISBN : 2.8696.7675.1

BREL EN BANDE DESSINÉE

AVEC LA COLLABORATION DE

AB'AIGRE	DERIB	LAMQUET	RYSSACK
AIDANS	FRANK	LAUDEC	SALEMI
BARANOWSKI	FRED	MAGDA	SERVAIS
BEDU	FUNCKEN	MITACQ	SEVERIN
BUSSCHAERT	GEERTS	PEYO	SOLE
CONRAD	JANNIN	PRUDHOMME	TIBET
DANY	JARRY	ROSSI	WILL

VENTS D'OUEST

SOMMAIRE

1965 • «Fernand» BEDU
«Il neige sur Liège» SALEMI
«La chanson de Jacky» CONRAD
«Ces gens-là» DANY

1967 • «Mon père disait» JARRY
«La chanson des vieux amants» LAMQUET
«Le cheval» ROSSI

1968 • «Regarde bien, petit» DERIB
«La bière» SERVAIS

1977 • «Knokke-le-Zoute» JANNIN
«Orly» AIDANS

Jacques Brel et la Bande Dessinée,
c'est la chanson qui côtoie le neuvième art,
ce sont des images fortes qui épousent des mots simples,
comme pour nous inviter au plus enivrant des voyages.
Un voyage empreint de tendresse,
sur une mélodie vagabonde et colorée.
Jacques Brel et la Bande Dessinée,
c'est aussi l'alchimie du verbe et des pinceaux,
le mariage insidieux du pastel et de l'eau-forte,
un subtil mélange de nuances, de contraste parfois,
entre la noblesse du vers et la trivialité apparente
du sentiment qu'il exprime.
C'est enfin une saisissante rencontre, mélancolique et passionnée,
entre les maux et les desseins, entre les mots et les dessins.

A travers ces mots et ces maux, on reconnaîtra un homme.
Un homme qui, de Bruxelles aux Marquises en passant par Paris,
a souvent cherché sa voie,
Mais un homme qui, sans affectation ni préciosité inutile,
n'a jamais cherché sa voix.
Une voix rompue à toutes les nuances,
pouvant tantôt se vouloir souffrante,

comme pour ces vieux qui ne parlent plus,
ou alors seulement parfois du bout des yeux,
tantôt devenir chancelante,
comme pour cette danse qui enfle,
jusqu'à s'étourdir en valse à mille temps.
Une voix qui reste surtout dans nos cœurs,
indissociable de ce qu'elle chante.

Et si cette traduction imagée de la prosodie brelienne
invite à entonner le refrain,
c'est parce qu'elle s'applique à mettre en valeur le mot,
sans en détruire la substance.
La Bande Dessinée ne fait ici que chanter,
elle chante Brel qui supplie,
Brel qui s'étonne,
Brel qui s'attendrit,
Brel qui menace,
Brel qui désespère,
Brel qui ironise,
Brel qui prend peur,
Brel qui accuse,
Brel qui réconforte,
elle chante Brel et ses multiples facettes.

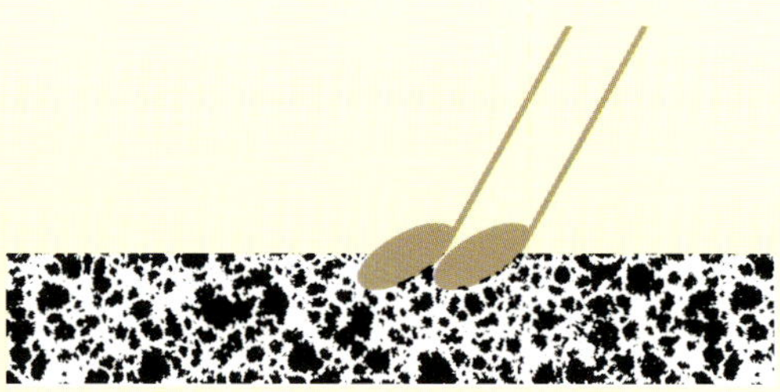

La Bande Dessinée se laisse séduire aussi,
séduire par un artiste à nul autre pareil,
un artiste sans commune «mesure».
Car Jacques Brel occupe bel et bien une place à part dans la chanson,
pas seulement celle d'un formidable chanteur
ou d'un remarquable compositeur,
celle également, et peut-être avant tout, d'un poète hors norme,
d'un pamphlétaire virulent et d'un grand homme de cœur.
La place, enfin, d'un homme résolument partagé.
Partagé entre l'espoir et le désespoir,
partagé entre la lucidité et l'inconscience,
partagé entre la paix dans l'âme du moribond
et la fuite dans l'alcool de l'ivrogne.

Et la Bande Dessinée ne s'est pas fait prier,
disons qu'elle s'est, pour l'occasion, laissée bien plus qu'aller.
Profitant de l'inspiration de ses plus talentueux ambassadeurs,
elle s'est laissé bercer par autant de vigoureuses tonalités.
La Bande Dessinée parle ici avec des couleurs breliennes,

évoquant à sa façon les plus beaux mots, les meilleurs bons mots,
de cet homme de «paroles».
Elle parle de l'amoureux éconduit ou du militaire borné,
de la vieille anglaise ou du toréador,
du clochard et du bourgeois,
de l'archiprêtre qui radote au couvent ou de la paysanne flamande,
du pédéraste ou de la bigote,
du collégien ou du paumé du petit matin.
Et des femmes, surtout des femmes...

Elle parle ici des femmes perfides vues par l'œil trahi de Jacques Brel,
des femmes déloyales dont personne mieux que lui
ne savait si amèrement parler.
Qu'il s'agisse des femmes en M, comme Marieke,
Madeleine ou Mathilde,
des femmes qui aiment et surtout des autres :
biches, filles à succursales, brouteuses de maris, ou putains
- les vraies, celles qui font payer pas avant mais après -
Personne n'a, encore aujourd'hui,
sans doute aussi bien rendu compte des amours consommées,
des amours malheureuses,
de cette solitude qui ne demande qu'à s'abattre
en de longues et douloureuses plaintes.
Personne n'a, sans doute depuis,
chanté les femmes avec tant de conviction, d'obstination et...
de férocité.
Chanté les femmes, ces filles cruelles,
ces filles insensibles, impitoyables, intéressées, insaisissables,
ces filles qui jouent à jouer, qui jouent à aimer, qui jouent à gagner.

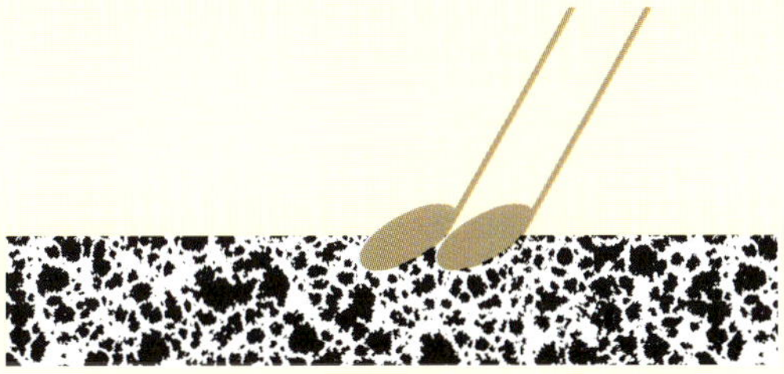

On ne s'étonnera donc point qu'en ces pages
la Bande Dessinée se pliât elle aussi parfois
à considérer la gent féminine si crûment.
Mais les femmes le savent déjà :
seules les turpitudes de l'amour ont tant déçu Jacques Brel,
non les femmes en elles-mêmes.
Il y a dans cette anthologie beaucoup plus de tendresse
que de détresse.
Une tendresse complice,
entre les maux et les mots,
entre les desseins et les dessins,
une tendresse sincère et émouvante,
qui résume si bien à elle seule toute l'œuvre de Jacques Brel.

QUAND ON N'A QUE L'AMOUR

BARANOWSKI

Quand on n'a que l'amour
A s'offrir en partage
Au jour du grand voyage
Qu'est notre grand amour
Quand on n'a que l'amour
Mon amour toi et moi
Pour qu'éclatent de joie
Chaque heure et chaque jour
Quand on n'a que l'amour
Pour vivre nos promesses
Sans nulle autre richesse
Que d'y croire toujours
Quand on n'a que l'amour
Pour meubler de merveilles
et couvrir de soleil
La laideur des faubourgs
Quand on n'a que l'amour
Pour unique raison
Pour unique chanson
Et unique secours
Quand on n'a que l'amour
Pour habiller matin
Pauvres et malandrins
De manteaux de velours
Quand on n'a que l'amour
A offrir en prière
Pour les maux de la terre
En simple troubadour
Quand on n'a que l'amour
A offrir à ceux-là
Dont l'unique combat
Est de chercher le jour
Quand on n'a que l'amour
Pour tracer un chemin
Et forcer le destin
A chaque carrefour

Quand on n'a que l'amour
Pour parler aux canons
Et rien qu'une chanson
Pour convaincre un tambour

Alors sans avoir rien
Que la force d'aimer
Nous aurons dans nos mains
Amis le monde entier.

QUAND ON N'A QUE L'AMOUR
POUR HABILLER MATIN
PAUVRES ET MALANDRINS
DE MANTEAUX DE VELOURS
QUAND ON N'A QUE L'AMOUR
A OFFRIR EN PRIÈRE
POUR LES MAUX DE LA TERRE
EN SIMPLE TROUBADOUR

QUAND ON N'A QUE L'AMOUR
A OFFRIR À CEUX-LA
DONT L'UNIQUE COMBAT
EST DE CHERCHER LE JOUR
QUAND ON N'A QUE L'AMOUR
POUR TRACER UN CHEMIN
ET FORCER LE DESTIN
A CHAQUE CARREFOUR
QUAND ON N'A QUE L'AMOUR
POUR PARLER AUX CANONS
ET RIEN QU'UNE CHANSON
POUR CONVAINCRE UN TAMBOUR
ALORS SANS AVOIR RIEN
QUE LA FORCE D'AIMER
NOUS AURONS DANS NOS MAINS
AMIS LE MONDE ENTIER.
T.BARANOWSKI '88

LES FLAMANDES

RYSSACK

Les Flamandes dansent
sans rien dire
Sans rien dire
aux dimanches sonnants
Les Flamandes dansent
sans rien dire
Les Flamandes
ça n'est pas causant
Si elles dansent c'est parce
qu'elles ont vingt ans
Et qu'à vingt ans
il faut se fiancer
Se fiancer pour pouvoir
se marier
Et se marier pour avoir
des enfants
C'est ce que leur ont dit
leurs parents
Le bedeau et même
Son Eminence
L'Archiprêtre qui prêche
au couvent
Et c'est pour ça et
c'est pour ça qu'elles dansent
Les Flamandes
Les Flamandes
Les Fla
Les Fla
Les Flamandes

Les Flamandes dansent
sans frémir
Sans frémir
aux dimanches sonnants
Les Flamandes dansent
sans frémir
Les Flamandes
ça n'est pas frémissant
Si elles dansent c'est parce
qu'elles ont trente ans
Et qu'à trente ans
il est bon de montrer
Que tout va bien
que poussent les enfants
Et le houblon et le blé
dans le pré
Elles font la fierté
de leurs parents
Et du bedeau et
de Son Eminence
L'Archiprêtre qui prêche
au couvent
Et c'est pour ça et
c'est pour ça qu'elles dansent
Les Flamandes
Les Flamandes
Les Fla
Les Fla
Les Flamandes

Les Flamandes dansent
sans sourire
Sans sourire
aux dimanches sonnants
Les Flamandes
dansent sans sourire
Les flamandes
ça n'est pas souriant
Si elles dansent
c'est qu'elles ont septante ans
Qu'à septante ans
il est bon de montrer
Que tout va bien et
que poussent les petits-enfants
Et le houblon et le blé
dans le pré
Toutes vêtues de noir
comme leurs parents
Comme le bedeau et
comme Son Eminence
L'Archiprêtre qui radote
au couvent
Elles héritent et
c'est pour ça qu'elles dansent
Les Flamandes
Les Flamandes
Les Fla
Les Fla
Les Flamandes

Les Flamandes dansent
sans mollir
Sans mollir
aux dimanches sonnants
Les Flamandes
dansent sans mollir
Les Flamandes
ça n'est pas mollissant
Si elles dansent c'est parce
qu'elles ont cent ans
Et qu'à cent ans
il est bon de montrer
Que tout va bien et
qu'on a toujours bon pied
Et bon houblon et bon blé
dans le pré
Elles s'en vont retrouver
leurs parents
et le bedeau et même
Son Eminence
L'archiprêtre qui repose
au couvent
Et c'est pour ça
qu'une dernière fois
elles dansent
Les Flamandes
Les Flamandes
Les Fla
Les Fla
Les Flamandes.

ISABELLE

WILL

Quand Isabelle dort
plus rien ne bouge
Quand Isabelle dort
au berceau de sa joie
Sais-tu qu'elle vole la coquine
Les oasis du Sahara
Les poissons dorés de la Chine
Et les jardins de l'Alhambra
Quand Isabelle dort
plus rien ne bouge
Quand Isabelle dort
au berceau de sa joie
Elle vole les rêves et les jeux
D'une rose et d'un bouton d'or
Pour se les poser dans les yeux
Belle Isabelle quand elle dort

Quand Isabelle rit
plus rien ne bouge
Quand Isabelle rit
au berceau de sa joie
Sais-tu qu'elle vole la cruelle
Le rire des cascades sauvages
Qui remplacent les escarcelles
Des rois qui n'ont pas
d'équipages
Quand Isabelle rit
plus rien ne bouge
Quand Isabelle rit
au berceau de sa joie
Elle vole les fenêtres de l'heure
Qui s'ouvrent sur le paradis
Pour se les poser dans le cœur
Belle Isabelle quand elle rit

Quand Isabelle chante
plus rien ne bouge
Quand Isabelle chante
au berceau de sa joie
Sais-tu qu'elle vole la dentelle
Tissée au cœur du rossignol
Et les baisers
que les ombrelles
Empêchent de prendre leur vol
Quand Isabelle chante
plus rien ne bouge
Quand Isabelle chante
au berceau de sa joie
Elle vole le velours et la soie
Qu'offre la guitare à l'infante
Pour se les poser dans la voix
Belle Isabelle
quand elle chante.

SNIF
SNIF
ISABELLE, VIENS PRENDRE TON GOUTER... JE T'AI PRÉPARÉ DE LA TARTE AUX MURES !
J'ARRIVE, TANTE URSULE !
Y. DELPORTE.
4

MARIEKE

BUSSCHAERT

Ay Marieke Marieke
Je t'aimais tant
Entre les tours
De Bruges et Gand
Ay Marieke Marieke
Il y a longtemps
Entre les tours
De Bruges et Gand

Zonder liefde warme liefde
Waait de wind de stomme wind
Zonder liefde warme liefde
Weent de zee de grijze zee
Zonder liefde warme liefde
Lijdt het licht het donker licht
En schuurt het zand over mijn land
Mijn platte land mijn
Vlaanderenland

Ay Marieke Marieke
Le ciel flamand
Couleur des tours
De Bruges et Gand
Ay Marieke Marieke
Le ciel flamand
Pleure avec moi
De Bruges à Gand

Zonder liefde warme liefde
Waait de wind c'est fini
Zonder liefde warme liefde
Weent de zee déjà fini
Zonder liefde warme liefde
Lijdt het licht tout est fini
En schuurt het zand over mijn land
Mijn platte land mijn
Vlaanderenland

Ay Marieke Marieke
Le ciel flamand
Pesait-il trop
De Bruges à Gand
Ay Marieke Marieke
Sur tes vingt ans
Que j'aimais tant
De Bruges à Gand

Zonder liefde warme liefde
Lacht de duivel de zwarte duivel
Zonder liefde warme liefde
Brandt mijn hart mijn oude hart
Zonder liefde warme liefde
Sterft de zomer de droeve zomer
En schuurt het zand over mijn land
Mijn platte land mijn
Vlaanderenland

Ay Marieke Marieke
Revienne le temps
Revienne le temps
De Bruges et Gand
Ay Marieke Marieke
Revienne le temps
Où tu m'aimais
De Bruges à Gand
Ay Marieke Marieke
Le soir souvent
Entre les tours
De Bruges et Gand
Ay Marieke Marieke
Tous les étangs
M'ouvrent leurs bras
De Bruges à Gand
De Bruges à Gand
De Bruges à Gand.

JE T'AIME

AB'AIGRE

Pour la rosée qui tremble
Au calice des fleurs
De n'être pas aimée
Et ressemble à ton cœur
Je t'aime...

Pour le doigt de la pluie
Au clavecin de l'étang
Jouant page la lune
Et ressemble à ton chant
Je t'aime...

Pour l'aube qui balance
Sur le fil d'horizon
Lumineuse et fragile
Et ressemble à ton front
Je t'aime...

Pour l'aurore légère
Qu'un oiseau fait frémir
En la battant de l'aile
Et ressemble à ton rire
Je t'aime...

Pour le jour qui se lève
Et dentelle de bois
Au point de la lumière
Et ressemble à ta joie
Je t'aime...

Pour le jour qui revient
D'une nuit sans amour
Et ressemble déjà
Ressemble à ton retour
Je t'aime...

Pour la porte qui s'ouvre
Pour le cri qui jaillit
Ensemble de deux cœurs
Et ressemble à ce cri
Je t'aime
Je t'aime
Je t'aime.

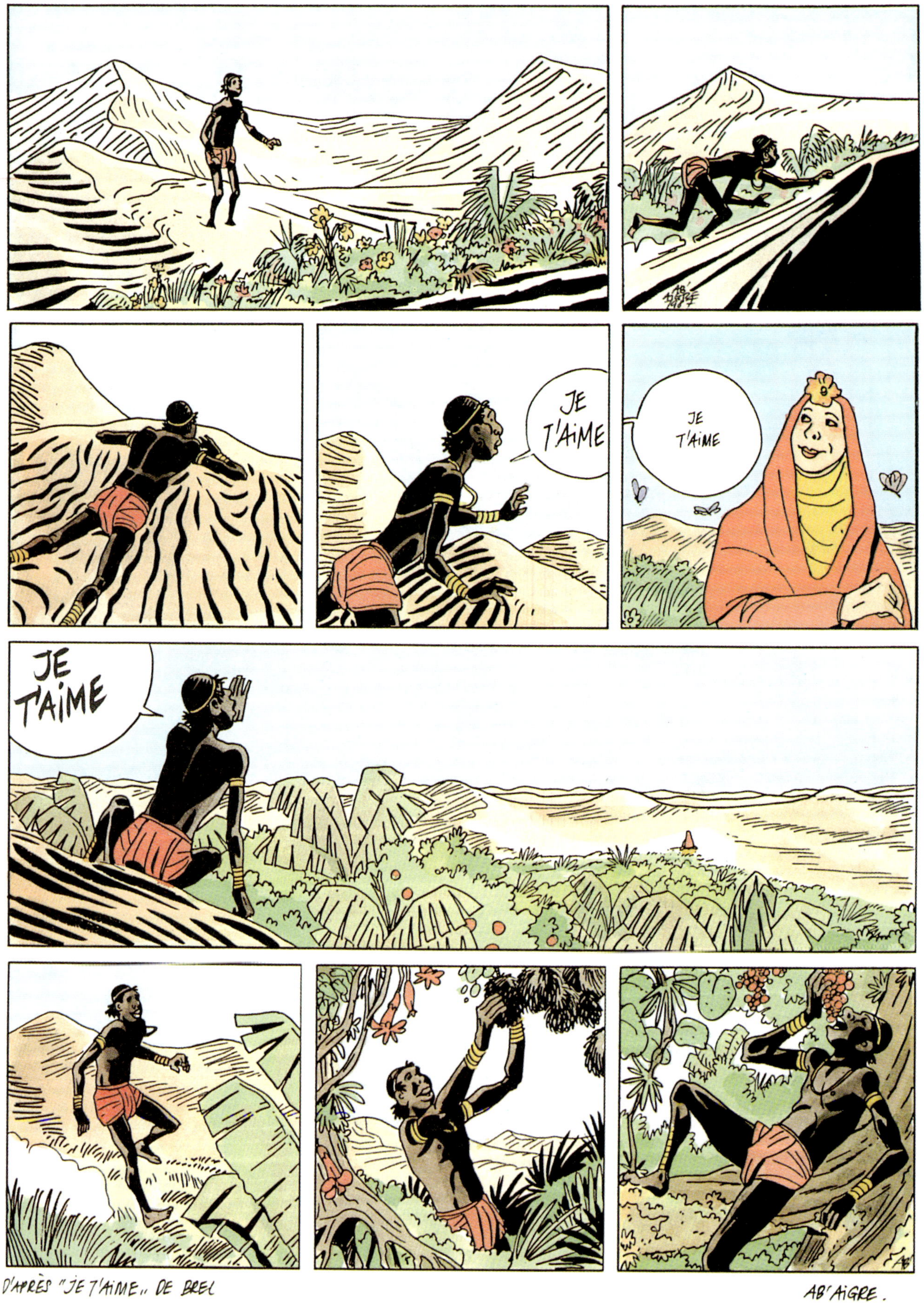

D'APRÈS "JE T'AIME" DE BREL

AB'AIGRE.

LES SINGES

FUNCKEN

Avant eux avant les culs pelés
la fleur l'oiseau
et nous étions en liberté
Mais ils sont arrivés
et la fleur est en pot
Et l'oiseau est en cage
et nous en numéro
Car ils ont inventé
prisons et condamnés
Et casiers judiciaires
et trous dans la serrure
Et les langues coupées
des premières censures
Et c'est depuis lors
qu'ils sont civilisés
Les singes, les singes,
les singes de mon quartier

Avant eux, il n'y avait
pas de problème
Quand poussaient les bananes
même pendant la Carême
Mais ils sont arrivés
bardés d'intolérance
Pour chasser en apôtres
d'autres intolérances
Car ils ont inventé
la chasse aux Albigeois
La chasse aux infidèles
et la chasse à ceux-là
La chasse aux singes sages
qui n'aiment pas chasser
Et c'est depuis lors
qu'ils sont civilisés
Les singes, les singes,
les singes de mon quartier

Avant eux l'homme
était un prince
La femme une princesse,
l'amour une province
Mais ils sont arrivé,
le prince est un mendiant
La province se meurt,
la princesse se vend
Car ils ont inventé
l'amour qui est un péché
L'amour qui est une affaire,
le marché aux pucelles
Le droit de courte-cuisse
et les mères maquerelles
Et c'est depuis lors
qu'ils sont civilisés
Les singes, les singes,
les singes de mon quartier

Avant eux il y avait paix
sur la terre
Quand pour dix éléphants
il n'y avait qu'un militaire
Mais ils sont arrivés
et c'est à coups de bâton
Que la raison d'état
a chassé la raison
Car ils ont inventé
le fer à empaler
Et la chambre à gaz
et la chaise électrique
Et la bombe au napalm
et la bombe atomique
Et c'est depuis lors
qu'ils sont civilisés
Les singes, les singes,
les singes de mon quartier
les singes de mon quartier.

Avant eux l'homme était un prince
La femme une princesse, l'amour une province
Mais ils sont arrivés, le prince est un mendiant
La province se meurt, la princesse se vend
Car ils ont inventé l'amour qui est un péché
L'amour qui est une affaire, le marché aux pucelles
Le droit de courte-cuisse et les mères maquerelles
Et c'est depuis lors qu'ils sont civilisés
Les singes, les singes, les singes de mon quartier.

Avant eux il y avait paix sur terre
Quand pour dix éléphants il n'y avait qu'un militaire
Mais ils sont arrivés et c'est à coups de bâton
Que la raison d'État a chassé la raison
Car ils ont inventé le fer à empaler
Et la chambre à gaz et la chaise électrique
Et la bombe au napalm et la bombe atomique
Et c'est depuis lors qu'ils sont civilisés
Les singes, les singes, les singes de mon quartier
Les singes de mon quartier.
L. & F. Funcken

LES BOURGEOIS

FRED

Le cœur bien au chaud
Les yeux dans la bière
Chez la grosse Adrienne
de Montalant
Avec l'ami Jojo
Et avec l'ami Pierre
On allait boire nos vingt ans
Jojo se prenait pour Voltaire
Et Pierre pour Casanova
Et moi, moi qui étais le plus fier
Moi, moi je me prenais pour moi
Et quand vers minuit
passaient les notaires
Qui sortaient de l'hôtel
des «Trois Faisans»
On leur montrait notre cul
et nos bonnes manières
En leur chantant

Les bourgeois
c'est comme les cochons
Plus ça devient vieux
plus ça devient bête
Les bourgeois
c'est comme les cochons
Plus ça devient vieux
plus ça devient...

Le cœur bien au chaud
Les yeux dans la bière
Chez la grosse Adrienne
de Montalant
Avec l'ami Jojo
Et avec l'ami Pierre
On allait brûler nos vingt ans
Voltaire dansait
comme un vicaire
Et Casanova n'osait pas
Et moi, moi qui restait le plus fier

Moi j'étais presque aussi saoul
que moi
Et quand vers minuit
passaient les notaires
Qui sortaient de l'hôtel
des «Trois Faisans»
On leur montrait notre cul
et nos bonnes manières
En leur chantant

Les bourgeois
c'est comme les cochons
Plus ça devient vieux
plus ça devient bête
Les bourgeois
c'est comme les cochons
Plus ça devient vieux
plus ça devient...

Le cœur au repos
Les yeux bien sur terre
Au bar de l'hôtel
des «Trois Faisans»
Avec maître Jojo
Et avec maître Pierre
Entre notaires
on passe le temps
Jojo parle de Voltaire
Et Pierre de Casanova
Et moi, moi, moi
qui suis resté le plus fier
Moi, moi je parle
encore de moi
Et c'est en sortant vers minuit
Monsieur le Commissaire
Que tous les soirs
de chez la Montalant
De jeunes «peigne-culs»
nous montrent leur derrière
En nous chantant

Les bourgeois
c'est comme les cochons
Plus ça devient vieux
plus ça devient bête
Disent-ils Monsieur
le Commissaire
Les bourgeois
Plus ça devient vieux
plus ça devient...

LE COEUR AU REPOS
LES YEUX BIEN SUR TERRE
AU BAR DE L'HÔTEL DES TROIS FAISANS
AVEC MAITRE JOJO
ET AVEC MAITRE PIERRE
ENTRE NOTAIRES ON PASSE LE TEMPS

JOJO PARLE DE VOLTAIRE
ET PIERRE DE CASANOVA
ET MOI, MOI QUI SUIS RESTÉ LE PLUS FIER
MOI, MOI JE PARLE ENCORE DE MOI
ET C'EST EN SORTANT VERS MINUIT MONSIEUR LE COMMISSAIRE
QUE TOUS LES SOIRS, DE CHEZ LA MONTALANT
DE JEUNES "PEIGNE-CULS" NOUS MONTRENT LEUR DERRIÈRE EN NOUS CHANTANT
LES BOURGEOIS C'EST COMME LES COCHONS
PLUS ÇA DEVIENT VIEUX ET PLUS ÇA DEVIENT BÊTE
DISENT-ILS MONSIEUR LE COMMISSAIRE
LES BOURGEOIS PLUS ÇA DEVIENT VIEUX PLUS ÇA DEVIENT
FRED

MADELEINE

LAUDEC

Ce soir j'attends Madeleine
J'ai apporté du lilas
Je lui en apporte
toutes les semaines
Madeleine elle aime bien ça
Ce soir j'attends Madeleine
On prendra le tram trente-trois
Pour manger des frites
chez Eugène
Madeleine elle aime tant ça
Madeleine c'est mon Noël
C'est mon Amérique à moi
Même qu'elle est trop bien
pour moi
Comme dit son cousin Joël
Mais ce soir j'attends
Madeleine
On ira au cinéma
Je lui dirai des «je t'aime»
Madeleine elle aime tant ça

Elle est tellement jolie
Elle est tellement tout ça
Elle est toute ma vie
Madeleine que j'attends là

Ce soir j'attends Madeleine
Mais il pleut sur mes lilas
Il pleut comme toutes
les semaines
Et Madeleine n'arrive pas
Ce soir j'attends Madeleine
C'est trop tard pour
le tram trente-trois
Trop tard pour les frites
d'Eugène
Madeleine n'arrive pas
Madeleine c'est mon horizon
C'est mon Amérique à moi
Même qu'elle est trop bien
pour moi
Comme dit son cousin Gaston

Mais ce soir j'attends
Madeleine
Il me reste le cinéma
Je pourrai lui dire
des «je t'aime»
Madeleine elle aime tant ça

Elle est tellement jolie
Elle est tellement tout ça
Elle est toute ma vie
Madeleine qui n'arrive pas

Ce soir j'attendais Madeleine
Mais j'ai jeté mes lilas
Je les ai jetés
comme toutes les semaines
Madeleine ne viendra pas
Ce soir j'attendais Madeleine
C'est fichu pour le cinéma
Je reste avec mes «je t'aime»
Madeleine ne viendra pas
Madeleine c'est mon espoir
C'est mon Amérique à moi
Mais sûr qu'elle est trop bien
pour moi
Comme dit son cousin Gaspard
Ce soir j'attendais Madeleine
Tiens le dernier tram s'en va
On doit fermer chez Eugène
Madeleine ne viendra pas

Elle est elle est pourtant
tellement jolie
Elle est pourtant tellement
tout ça
Elle est pourtant toute ma vie
Madeleine qui ne viendra pas

Mais demain j'attendrai
Madeleine
Je rapporterai du lilas
Je lui en apporterai
toutes la semaine
Madeleine elle aimera ça
Demain j'attendrai Madeleine
On prendra le tram trente-trois
Pour manger des frites
chez Eugène
Madeleine elle aimera ça

Madeleine c'est mon espoir
C'est mon Amérique à moi
Tant pis si elle est trop bien
pour moi
Comme dit son cousin Gaspard
Demain j'attendrai Madeleine
On ira au cinéma
Je lui dirai des «je t'aime»
Madeleine elle aimera ça.

C'EST BÊTE, JE NE T'AI MÊME PAS DEMANDÉ TON NOM... COMMENT T'APPELLES-TU ?
MADELEINE... MAIS LES "FILLES" M'APPELENT "MAD"...
MADELEINE ?! TOI... TOI AUSSI ? DÉCIDÉMENT...
POURQUOI ?
OH... POUR RIEN !
BON ! ADIEU MADELEINE !
DEMAIN J'ATTENDRAI MADELEINE. JE RAPPORTERAI DU LILAS. J'EN RAPPORTERAI TOUTE LA SEMAINE... MADELEINE, ELLE AIMERA ÇA ON PRENDRA LE TRAM TRENTE-TROIS POUR MANGER DES FRITES CHEZ EUGÈNE MADELEINE C'EST MON ESPOIR, C'EST MON AMÉRIQUE À MOI. TANT PIS SI ELLE EST TROP BIEN POUR MOI, COMME DIT SON COUSIN GASPARD...
DEMAIN, J'ATTENDRAI MADELEINE, ON IRA AU CINÉMA, JE LUI DIRAI DES "JE T'AIME". ELLE AIMERA ÇA...

LES BIGOTES

MAGDA

Elles vieillissent à petits pas
De petits chiens en petits chats
Les bigotes
Elles vieillissent
d'autant plus vite
Qu'elles confondent l'amour
et l'eau bénite
Comme toutes les bigotes
Si j'étais diable
en les voyant parfois
Je crois que je me ferais châtrer
Si j'étais Dieu
en les voyant prier
Je crois que je perdrais la foi
Par les bigotes

Elles processionnent à petits pas
De bénitier en bénitier
Les bigotes
Et patati et patata
Mes oreilles
commencent à siffler
Les bigotes
Vêtues de noir comme
Monsieur le Curé
Qui est trop bon
avec les créatures
Elles s'embigotent
les yeux baissés
Comme si Dieu dormait
sous leurs chaussures
De bigotes

Le samedi soir après le turbin
On voit l'ouvrier parisien
Mais pas de bigotes
Car c'est au fond de leur maison
Qu'elles se préservent
des garçons
Les bigotes
Qui préfèrent se ratatiner
De vêpres en vêpres,
de messe en messe
Toutes fières
d'avoir pu conserver
Le diamant qui dort
entre leurs f...
De bigotes

Puis elles meurent à petits pas
A petit feu, en petits tas
Les bigotes
Qui cimetièrent à petits pas
Au petit jour d'un petit froid
De bigotes
Et dans le ciel qui n'existe pas
Les anges font vite
un paradis pour elles
Une auréole
et deux bouts d'ailes
Et elles s'envolent...
à petits pas
De bigotes.

LES JO
...LE SAMEDI SOIR APRÈS L'TURBIN, ON VOIT L'OUVRIER PARISIEN
...MAIS PAS D'BIGO-OOTES
QUI PRÉFÈRENT SE RATATINER DE VÊPRES EN VÊPRES
DE MESSES EN MESSES
TOUTES FIÈRES D'AVOIR PU CONSERVER LE DIAMANT QUI DORT ENTRE LEURS F...
DE BIGO-OOTES.
PUIS ELLES MEURENT À PETITS PAS À PETIT FEU, EN PETIT TAS LES BIGO-OOTES...

QUI CIMETIÈRENT À PETITS PAS...
AU PETIT JOUR D'UN PETIT FROID DE BIGO-OOTES
ET DANS LE CIEL QUI N'EXISTE PAS LES ANGES FONT VITE UN PARADIS POUR ELLES
4
UNE AURÉOLE ET DEUX BOUTS D'AILES
ET ELLES S'ENVOLENT À PETITS PAS...
DE BIGO-OOTES
FIN
MAGDA 12/87.

ROSA

PEYO

C'est le plus vieux tango
du monde
Celui que les têtes blondes
Anonnent comme une ronde
En apprenant leur latin
C'est le tango du collège
Qui prend les rêves au piège
Et dont il est sacrilège
De ne pas sortir malin
C'est le tango des bons pères
Qui surveillent l'œil sévère
Les Jules et les Prosper
Qui seront la France de demain

Rosa rosa rosam
Rosae rosae rosa
Rosae rosae rosas
Rosarum rosis rosis

C'est le tango
des forts en thème
Boutonneux jusqu'à l'extrême
Et qui recouvrent de laine
Leur cœur qui est déjà froid
C'est le tango des forts en rien
Qui déclinent de chagrin
Et qui seront pharmaciens
Parce que papa ne l'était pas
C'est le temps où j'étais dernier
Car ce tango rosa rosae
J'inclinais à lui préférer
Déjà ma cousine Rosa

C'est le tango des promenades
Deux par seul sous les arcades
Cernés de corbeaux et d'alcades
Qui nous protégeaient
des pourquoi
C'est le tango
de la pluie sur la cour
Le miroir d'une flaque
sans amour

Qui m'a fait comprendre
un beau jour
Que je ne serais pas
Vasco de Gama
Mais c'est le tango
du temps béni
Où pour un baiser trop petit
Dans la clairière d'un jeudi
A rosi cousine Rosa

C'est le tango
du temps des zéros
J'en avais tant
des minces des gros
Que j'en faisais des tunnels
pour Charlot
Des auréoles
pour saint François
C'est le tango
des récompenses
Qui allaient à ceux
qui ont la chance
D'apprendre dès leur enfance
Tout ce qui ne servira pas
Mais c'est le tango
que l'on regrette
Une fois que le temps s'achète
Et que l'on s'aperçoit tout bête
Qu'il y a des épines aux Rosa

Rosa rosa rosam
Rosae rosae rosa
Rosae rosae rosas
Rosarum rosis rosis.

PLACE ! PLACE AU SCHTROUMPF GOURMAND ET À SA NOUVELLE FOURNÉE DE BABAS AU SCHTROUMPF !
Schtroumpfarum Schtroumpfis Schtroumpfis !
Bon schtroumpf ! Mais c'est bien sûr ! La voilà, la rime à salsifis !
... ET À LA DEMANDE GÉNÉRALE, NOUS RESCHTROUMPFERONS LE DERNIER REFRAIN ... Schtroumpfa Schtroumpfa Schtroumpfam ...
J'ai schtroumpfé ma rime ! Il faut fêter ça !
Mon baba me rend schtroumpf et mon schtroumpf me rend baba !
Du baba au schtroumpf ! Celui que je préfère !
Oh ! Je ne devrais pas ... Pour ma ligne ...
Acré schtroumpf, va ! C'est-y qu'y en aurait un petit schtroumpf pour moi ?
Schtroumpfae Schtroumpfae Schtroumpfa ...
Moi, j'aime bien le baba au schtroumpf, mais je n'aime pas le demander !
Schtroumpfae Schtroumpfae Schtroumpfas ...
Passe-moi la balle, Sassette !
Schtroumpfarum Schtr... Babas au schtroumpf ?
Hé ! Regardez ! Le Schtroumpf Gourmand distribue des babas au schtroumpf !
Crénom d'un bégonia, quel boulet !

Mais quel boulet, nom d'un pétunia !
Saprischtroumpf ! Laissez-en pour nous !
Allons, allons, ne poussez pas ! Il y en aura pour tout le monde !
Voici pour vous, Schtroumpfette ; les dames d'abord ! ...
Ah ! Heureusement, la distribuschtroumpf ne fait que commencer !
Et moi ensuite, et moi ensuite
Agreuh !
Personne n'a vu le Schtroumpf Paresseux ? Il devait m'aider à reschtroumpfer la brouette...
Alors là, pour un boulet, c'est un boulet !
Schtroumpfa schtroumpfa schtroumpfam Schtroumpfae schtroumpfae schtroumpfa Schtroumpfae schtroumpfae schtroumpfas Schtroumpfarum...
Moi, j'aime pas les bouts et j'aime pas les laids !
Pour moi ?
Tiens, voilà un cadeau pour toi !
SCHTROUMP
FIS
SCHTROUMP
FIS !
Peyo

LE PLAT PAYS

TIBET

Avec la mer du Nord
pour dernier terrain vague
Et des vagues de dunes
pour arrêter les vagues
Et de vagues rochers
que les marées dépassent
Et qui ont à jamais
le cœur à marée basse
Avec infiniment
de brumes à venir
Avec le vent de l'est
écoutez-le tenir
Le plat pays qui est le mien

Avec des cathédrales
pour uniques montagnes
Et de noirs clochers
comme mâts de cocagne
Où des diables en pierre
décrochent les nuages
Avec le fil des jours
pour unique voyage
Et des chemins de pluie
pour unique bonsoir
Avec le vent d'ouest
écoutez-le vouloir
Le plat pays qui est le mien

Avec un ciel si bas
qu'un canal s'est perdu
Avec un ciel si bas
qu'il fait l'humilité
Avec un ciel si gris
qu'un canal s'est pendu
Avec un ciel si gris
qu'il faut lui pardonner
Avec le vent du nord
qui vient s'écarteler
Avec le vent du nord
écoutez-le craquer
Le plat pays qui est le mien

Avec de l'Italie
qui descendrait l'Escaut
Avec Frida la Blonde
quand elle devient Margot
Quand les fils de novembre
nous reviennent en mai
Quand la plaine est fumante
et tremble sous juillet
Quand le vent est au rire
quand le vent est au blé
Quand le vent est au sud
écoutez-le chanter
Le plat pays qui est le mien.

FRIDA!...
GRAND'JACQUES!?! OH, MON DIEU! VA-T-EN! LES GENDARMES SONT VENUS ET...
MARGOT??? COMME TU AS GRANDI! JE T'AI PRISE POUR TA SOEUR!...
FRIDA EST CHEZ LE PÈRE... LA MAISON DES DUNES!... VA-T-EN, MAINTENANT! VITE!!!
TROP TARD, GRAND'JACQUES! TU ES FAIT!!!
!!
TU PAIERAS POUR ÇA!!!
C'EST FICHU!... AVEC CE BROUILLARD, INUTILE DE...

MAIS JE SAIS OÙ IL VA!...TOI, RESTE AVEC MARGOT! EMPÊCHE-LÀ DE TÉLÉPHONER, DE PARTIR!...
TU Y VAS SEUL? IL EST ARMÉ!...
MOI AUSSI!...
SI ELLE BOUGE, N'HÉSITE PAS À LUI FLANQUER DES BAFFES!...
QUAND JE PENSE QUE FRIDA A FAILLI ÉPOUSER CETTE BRUTE!...
IL L'AIME ENCORE!...
LA...LA MAISON DES DUNES... JE...JE DOIS Y ARRIVER!...
FRIDA...LA...LA REVOIR... UNE FOIS... SON SOURIRE... UN INSTANT SEULEMENT...
ENFIN, AU PETIT MATIN...
FRIDA!!!
GRAND'JACQUES!
PANG!
IL EST MORT SUR LE COUP, UN GRAND SOURIRE AUX LÈVRES. IL AVAIT REVU SES DEUX AMOURS : FRIDA ET SON PLAT PAYS...

LA FANETTE

MITACQ

Nous étions deux amis
et Fanette m'aimait
La plage était déserte
et dormait sous juillet
Si elles s'en souviennent
les vagues vous diront
Combien pour la Fanette
j'ai chanté de chansons

Faut dire
Faut dire qu'elle était belle
Comme une perle d'eau
Faut dire qu'elle était belle
Et je ne suis pas beau
Faut dire
Faut dire qu'elle était brune
Tant la dune était blonde
Et tenant l'autre et l'une
Moi je tenais le monde
Faut dire
Faut dire que j'étais fou
De croire à tout cela
Je le croyais à nous
Je la croyais à moi
Faut dire
Qu'on ne nous apprend pas
A se méfier de tout

Nous étions deux amis
et Fanette m'aimait
La plage était déserte
et mentait sous juillet
Si elles s'en souviennent
les vagues vous diront
Comment pour la Fanette
s'arrêta la chanson

Faut dire
Faut dire qu'en sortant
D'une vague mourante
Je les vis s'en allant
Comme amant et amante
Faut dire
Faut dire qu'ils ont ri
Quand ils m'ont vu pleurer
Faut dire qu'ils ont chanté
Quand je les ai maudits
Faut dire
Que c'est bien ce jour-là
Qu'ils ont nagé si loin
Qu'ils ont nagé si bien
Qu'on ne les revit pas
Faut dire
Qu'on ne nous apprend pas...
Mais parlons d'autre chose

Nous étions deux amis
et Fanette l'aimait
Et la plage est déserte
et pleure sous juillet
Et le soir quelquefois
Quand les vagues s'arrêtent
J'entends comme une voix
J'entends... c'est la Fanette.

C'ÉTAIT TA GRAND-MÈRE...

LES VIEUX

SOLÉ

Les vieux ne parlent plus
ou alors seulement parfois
du bout des yeux
Même riches ils sont pauvres,
ils n'ont plus d'illusions
et n'ont qu'un cœur pour deux
Chez eux ça sent le thym,
le propre, la lavande
et le verbe d'antan
Que l'on vive à Paris
on vit tous en province
quand on vit trop longtemps
Est-ce d'avoir trop ri
que leur voix se lézarde
quand ils parlent d'hier
Et d'avoir trop pleuré
que des larmes encore
leur perlent aux paupières
Et s'ils tremblent un peu
est-ce de voir vieillir
la pendule d'argent
Qui ronronne au salon,
qui dit oui qui dit non, qui dit :
je vous attends

Les vieux ne rêvent plus,
leurs livres s'ensommeillent,
leurs pianos sont fermés
Le petit chat est mort,
le muscat du dimanche
ne les fait plus chanter
Les vieux ne bougent plus
leurs gestes ont trop de rides
leur monde est trop petit
Du lit à la fenêtre,
puis du lit au fauteuil
et puis du lit au lit
Et s'ils sortent encore
bras dessus bras dessous
tout habillés de raide

C'est pour suivre au soleil
l'enterrement d'un plus vieux,
l'enterrement d'une plus laide
Et le temps d'un sanglot,
oublier toute une heure
la pendule d'argent
Qui ronronne au salon,
qui dit oui qui dit non,
et puis qui les attend

Les vieux ne meurent pas,
ils s'endorment un jour
et dorment trop longtemps
Ils se tiennent la main,
ils ont peur de se perdre
et se perdent pourtant
Et l'autre reste là,
le meilleur ou le pire,
le doux ou le sévère
Cela n'importe pas,
celui des deux qui reste
se retrouve en enfer
Vous le verrez peut-être,
vous la verrez parfois
en pluie et en chagrin
Traverser le présent
en s'excusant déjà
de n'être pas plus loin
Et fuir devant vous
une dernière fois
la pendule d'argent
Qui ronronne au salon,
qui dit oui qui dit non,
qui leur dit : je t'attends
Qui ronronne au salon,
qui dit oui qui dit non,
et puis qui nous attend.

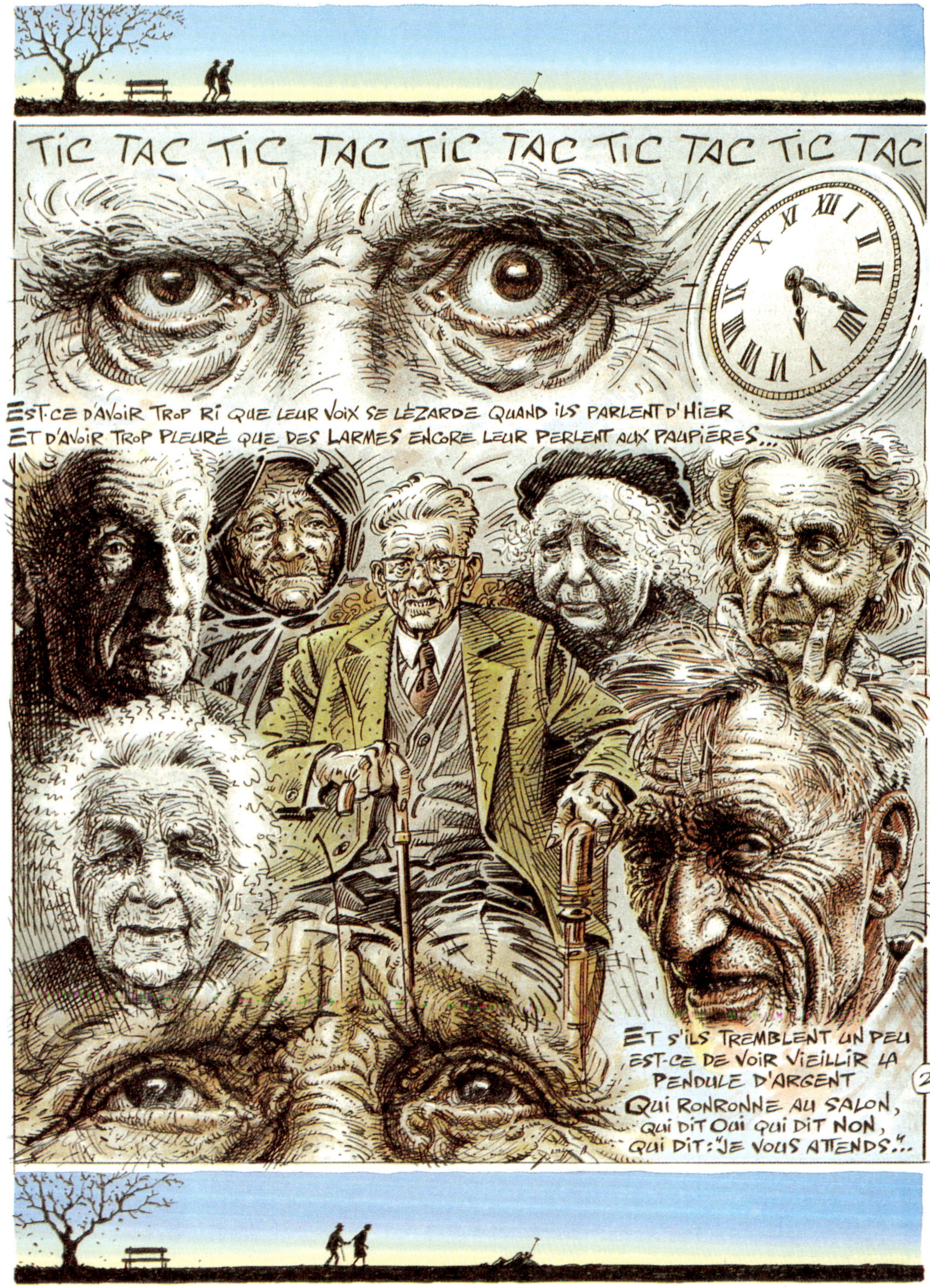

TIC TAC TIC TAC TIC TAC
LES VIEUX NE RÊVENT PLUS, LEURS LIVRES S'ENSOMMEILLENT, LEURS PIANOS SONT FERMÉS
LE PETIT CHAT EST MORT, LE MUSCAT DU DIMANCHE NE LES FAIT PLUS CHANTER
LES VIEUX NE BOUGENT PLUS, LEURS GESTES ONT TROP DE RIDES, LEUR MONDE EST TROP PETIT...
DU LIT À LA FENÊTRE, PUIS DU LIT AU FAUTEUIL ET PUIS DU LIT AU LIT
ET S'ILS SORTENT ENCORE BRAS DESSUS, BRAS DESSOUS TOUT HABILLÉS DE RAIDE
C'EST POUR SUIVRE AU SOLEIL L'ENTERREMENT D'UN PLUS VIEUX, L'ENTERREMENT D'UNE PLUS LAIDE
ET LE TEMPS D'UN SANGLOT, OUBLIER TOUTE UNE HEURE LA PENDULE D'ARGENT
QUI RONRONNE AU SALON, QUI DIT OUI QUI DIT NON, ET PUIS QUI LES ATTEND...
3

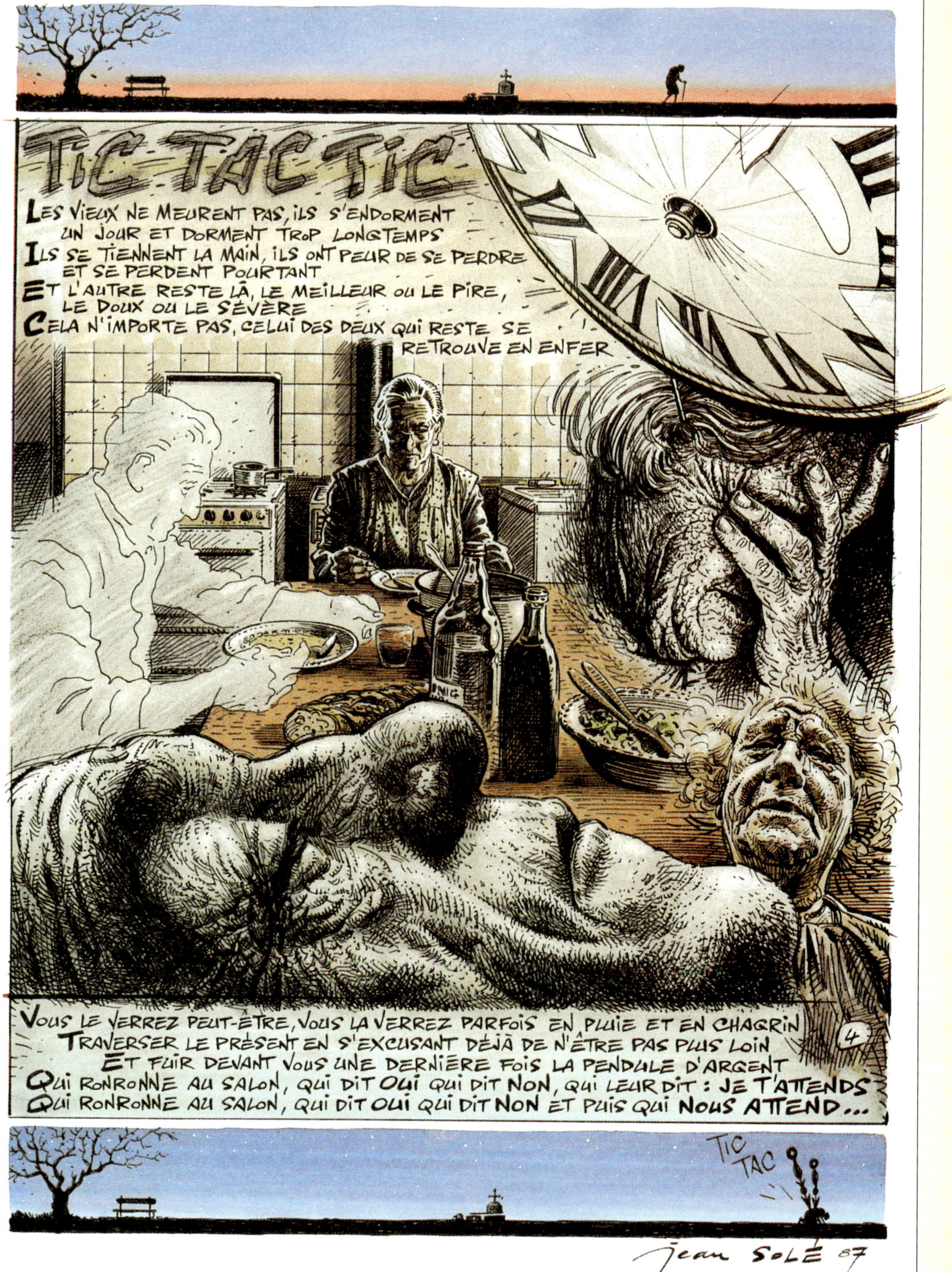

TIC TAC TIC
LES VIEUX NE MEURENT PAS, ILS S'ENDORMENT UN JOUR ET DORMENT TROP LONGTEMPS
ILS SE TIENNENT LA MAIN, ILS ONT PEUR DE SE PERDRE ET SE PERDENT POURTANT
ET L'AUTRE RESTE LÀ, LE MEILLEUR OU LE PIRE, LE DOUX OU LE SÉVÈRE
CELA N'IMPORTE PAS, CELUI DES DEUX QUI RESTE SE RETROUVE EN ENFER
VOUS LE VERREZ PEUT-ÊTRE, VOUS LA VERREZ PARFOIS EN PLUIE ET EN CHAGRIN
TRAVERSER LE PRÉSENT EN S'EXCUSANT DÉJÀ DE N'ÊTRE PAS PLUS LOIN
ET FUIR DEVANT VOUS UNE DERNIÈRE FOIS LA PENDULE D'ARGENT
QUI RONRONNE AU SALON, QUI DIT OUI QUI DIT NON, QUI LEUR DIT : JE T'ATTENDS
QUI RONRONNE AU SALON, QUI DIT OUI QUI DIT NON ET PUIS QUI NOUS ATTEND...
4
TIC TAC
Jean Solé 87

AMSTERDAM

PRUDHOMME

Dans le port d'Amsterdam
Y a des marins qui chantent
Les rêves qui les hantent
Au large d'Amsterdam
Dans le port d'Amsterdam
Y a des marins qui dorment
Comme des oriflammes
Le long des berges mornes
Dans le port d'Amsterdam
Y a des marins qui meurent
Pleins de bière et de drames
Aux premières lueurs
Mais dans le port d'Amsterdam
Y a des marins qui naissent
Dans la chaleur épaisse
Des langueurs océanes

Dans le port d'Amsterdam
Y a des marins qui mangent
Sur des nappes trop blanches
Des poissons ruisselants
Ils vous montrent des dents
A croquer la fortune
A décroisser la lune
A bouffer des haubans
Et ça sent la morue
Jusque dans le cœur des frites
Que leurs grosses mains invitent
A revenir en plus
Puis se lèvent en riant
Dans un bruit de tempête
Referment leur braguette
Et sortent en rotant

Dans le port d'Amsterdam
Y a des marins qui dansent
En se frottant la panse
Sur la panse des femmes
Et ils tournent et ils dansent
Comme des soleils crachés
Dans le son déchiré
D'un accordéon rance
Ils se tordent le cou
Pour mieux s'entendre rire
Jusqu'à ce que tout à coup
L'accordéon expire
Alors le geste grave
Alors le regard fier
Ils ramènent leur batave
Jusqu'en pleine lumière

Dans le port d'Amsterdam
Y a des marins qui boivent
Et qui boivent et reboivent
Et qui reboivent encore
Ils boivent à la santé
Des putains d'Amsterdam
De Hambourg ou d'ailleurs
Enfin ils boivent aux dames
Qui leurs donnent
leur joli corps
Qui leur donnent leur vertu
Pour une pièce en or
Et quand ils ont bien bu
Se plantent le nez au ciel
Se mouchent dans les étoiles
Et ils pissent comme je pleure
Sur les femmes infidèles

Dans le port d'Amsterdam
Dans le port d'Amsterdam.

DANS LE PORT D'AMSTERDAM
Y'A DES MARINS QUI DANSENT
EN SE FROTTANT LA PANSE
SUR LA PANSE DES FEMMES
ET ILS TOURNENT ET ILS DANSENT
COMME DES SOLEILS CRACHÉS
DANS LE SON DÉCHIRÉ
D'UN ACCORDÉON RANCE
ILS SE TORDENT LE COU
POUR MIEUX S'ENTENDRE RIRE
JUSQU'À CE QUE TOUT À COUP
L'ACCORDÉON EXPIRE
ALORS
LE GESTE GRAVE
ALORS LE REGARD FIER
ILS RAMÈNENT LEUR BATAVE
JUSQU'EN PLEINE LUMIÈRE

DANS LE PORT D'AMSTERDAM
Y'A DES MARINS QUI BOIVENT
ET QUI BOIVENT
ET REBOIVENT
ET QUI REBOIVENT ENCORE
ILS BOIVENT À LA SANTÉ
DES PUTAINS D'AMSTERDAM
DE HAMBOURG OU D'AILLEURS
ENFIN ILS BOIVENT AUX DAMES
QUI LEUR DONNENT LEUR JOLI CORPS
QUI LEUR DONNENT LEUR VERTU
POUR UNE PIÈCE EN OR
ET QUAND ILS ONT BIEN BU
SE PLANTENT LE NEZ AU CIEL
SE MOUCHENT DANS LES ETOILES
ET ILS PISSENT COMME JE PLEURE
SUR LES FEMMES INFIDÈLES
DANS LE PORT D'AMSTE
DANS LE PORT D'AMSTERDAM
4

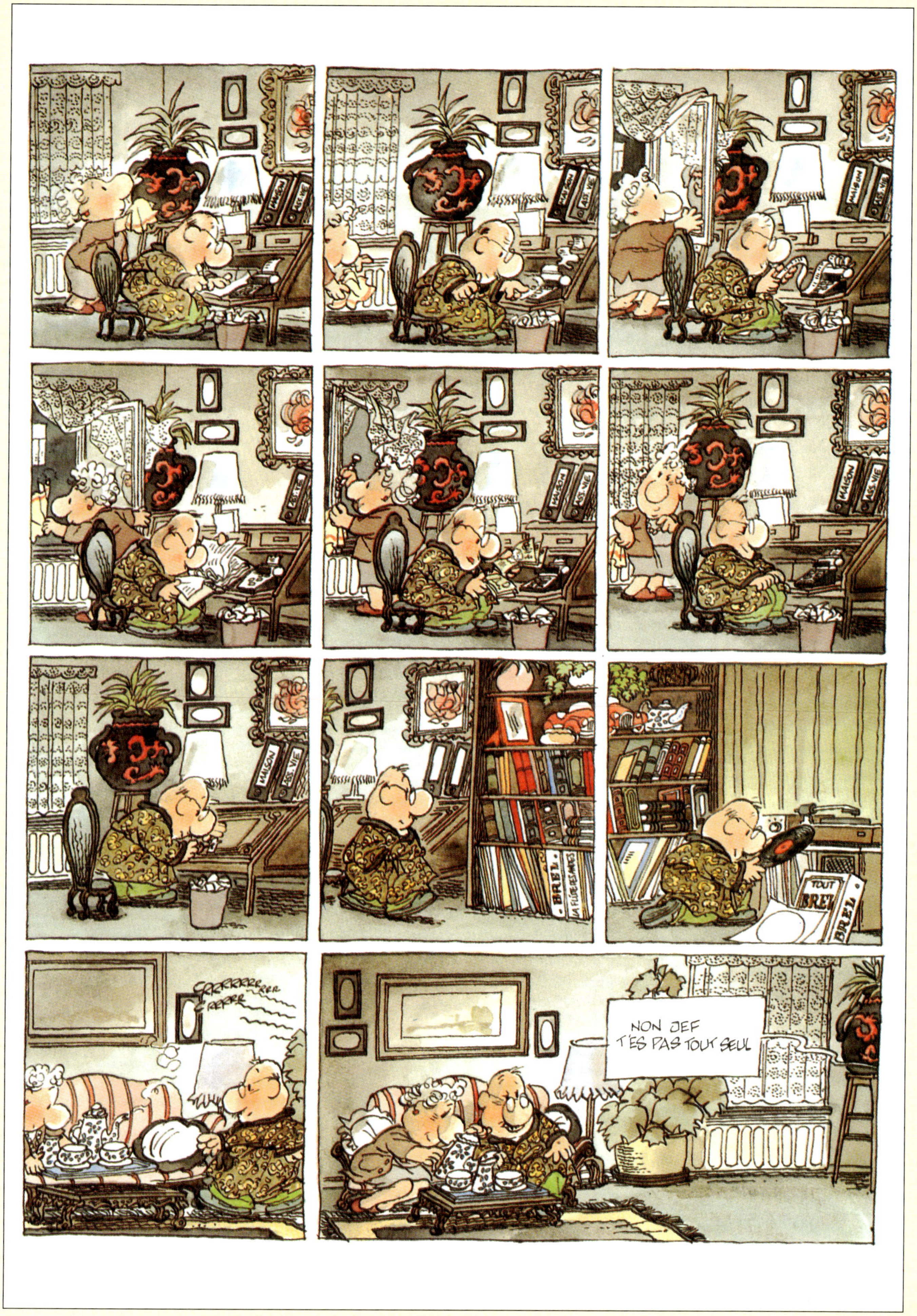

JEF

GEERTS

Non Jef t'es pas tout seul
Mais arrête de pleurer
Comme ça devant tout le monde
Parce qu'une demi-vieille
Parce qu'une fausse blonde
T'a relaissé tomber
Non Jef t'es pas tout seul
Mais tu sais que tu me fais honte
A sangloter comme ça
Bêtement devant tout le monde
Parce qu'une trois quarts putain
T'a claqué dans les mains
Non Jef t'es pas tout seul
Mais tu fais honte à voir
Les gens se paient notre tête
Foutons le camp de ce trottoir
Viens Jef viens viens

Viens il me reste trois sous
On va aller se les boire
Chez la mère Françoise
Viens il me reste trois sous
Et si c'est pas assez
Ben il me restera l'ardoise
Puis on ira manger
Des moules et puis des frites
Des frites et puis des moules
Et du vin de Moselle
Et si t'es encore triste
On ira voir les filles
Chez la madame Andrée
Paraît qu'y en a de nouvelles
On rechantera comme avant
On sera bien tous les deux
Comme quand on était jeunes
Comme quand c'était le temps
Que j'avais de l'argent

Non Jef t'es pas tout seul
Mais arrête tes grimaces
Soulève tes cent kilos
Fais bouger ta carcasse
Je sais que t'as le cœur gros
Mais il faut le soulever
Non Jef t'es pas tout seul
Mais arrête de sangloter
Arrête de te répandre
Arrête de répéter
Que t'es bon à te foutre à l'eau
Que t'es bon à te pendre
Non Jef t'es pas tout seul
Mais c'est plus un trottoir
Ça devient un cinéma
Où les gens viennent te voir
Allez viens Jef viens viens

Viens il me reste ma guitare
Je l'allumerai pour toi
Et on sera espagnols
Comme quand on était mômes
Même que j'aimais pas ça
T'imiteras le rossignol
Puis on se trouvera un banc
On parlera de l'Amérique
Où c'est qu'on va aller
Quand on aura du fric
Et si t'es encore triste
Ou rien que si t'en as l'air
Je te raconterai comment
Tu deviendras Rockefeller
On sera bien tous les deux
On rechantera comme avant
Comme quand on était beaux
Comme quand c'était le temps
D'avant qu'on soit poivrots

Allez viens Jef viens viens
Oui oui Jef Oui viens.

NON JEF T'ES PAS TOUT SEUL MAIS ARRÊTE TES GRIMACES SOULÈVE TES CENT KILOS FAIS BOUGER TA CARCASSE JE SAIS QUE T'AS LE COEUR GROS MAIS IL FAUT LE SOULEVER
NON JEF T'ES PAS TOUT SEUL MAIS ARRÊTE DE SANGLOTER ARRÊTE DE TE RÉPANDRE ARRÊTE DE RÉPÉTER QUE T'ES BON À TE FOUTRE À L'EAU QUE T'ES BON À TE PENDRE
NON JEF T'ES PAS TOUT SEUL MAIS C'EST PLUS UN TROTTOIR ÇA DEVIENT UN CINÉMA OÙ LES GENS VIENNENT TE VOIR ALLEZ VIENS JEF VIENS VIENS
SPECIALE
VIENS IL ME RESTE MA GUITARE JE L'ALLUMERAI POUR TOI ET ON SERA ESPAGNOLS COMME QUAND ON ÉTAIT MÔMES MÊME QUE J'AIMAIS PAS ÇA T'IMITERAS LE ROSSIGNOL
PUIS ON SE TROUVERA UN BANC ON PARLERA DE L'AMÉRIQUE OÙ C'EST QU'ON VA ALLER QUAND ON AURA DU FRIC ET SI T'ES ENCORE TRISTE OU RIEN QUE SI T'EN AS L'AIR JE TE RACONTERAI COMMENT TU DEVIENDRAS ROCKEFELLER
ON SERA BIEN TOUS LES DEUX ON RECHANTERA COMME AVANT COMME QUAND ON ÉTAIT BEAUX COMME QUAND C'ÉTAIT LE TEMPS D'AVANT QU'ON SOIT POIVROTS

CRRRRRRRRRRRR
CRRRRRRR

ALLEZ VIENS JEF VIENS VIENS
OUI OUI JEF OUI VIENS
CRRRRRRR
CRRRRRRR
TIC TAC TIC TAC TIC TAC TIC TAC
GEERTS '87

LES BONBONS

SEVERIN

Je vous ai apporté des bonbons
Parce que les fleurs
c'est périssable
Puis les bonbons
c'est tellement bon
Bien que les fleurs
soient plus présentables
Surtout quand elles sont
en boutons
Mais je vous ai apporté
des bonbons

J'espère qu'on pourra
se promener
Que Madame votre mère
ne dira rien
On ira voir passer les trains
A huit heures moi
je vous ramènerai
Quel beau dimanche
pour la saison
Je vous ai apporté des bonbons

Si vous saviez
comme je suis fier
De vous voir
pendue à mon bras
Les gens me regardent
de travers
Y en a même qui rient
derrière moi
Le monde est plein
de polissons
Je vous ai apporté des bonbons

Oh! oui, Germaine
est moins bien que vous
Oh! oui, Germaine
elle est moins belle
C'est vrai que Germaine
a des cheveux roux
C'est vrai que Germaine
elle est cruelle
Ça vous avez mille fois raison
Je vous ai apporté des bonbons

Et nous voilà sur la grand-place
Sur le kiosque on joue Mozart
Mais dites-moi
que c'est par hasard
Qu'il y a là votre ami Léon
Si vous voulez
que je cède la place...
J'avais apporté des bonbons

Mais bonjour Mademoiselle
Germaine

Je vous ai apporté des bonbons
Parce que les fleurs
c'est périssable
Puis les bonbons
c'est tellement bon
Bien que les fleurs
soient plus présentables...

... ET NOUS VOILÀ SUR LA GRAND'PLACE... SUR LE KIOSQUE ON JOUE MOZART
VIVA BOM
?! MAIS ... DITES-MOI QUE C'EST PAR HASARD. QU'IL Y A LÀ VOTRE AMI LÉON ...
SI VOUS VOULEZ QUE JE CÈDE LA PLA...
...CE ... H... J'AVAIS APPORTÉ DES BONBONS ...
...

...?
MAAIS, BONJOUR MADEMOISELLE GERMAINE ...
... JE... JE VOUS AI APPORTÉ DES BONBONS ...
PARCE QUE LES FLEURS, C'EST PÉRISSABLE, PUIS LES BONBONS C'EST TELLEMENT BON, BIEN QUE LES FLEURS SCIENT PLUS PRÉSENTABLES ...
BREL & AL SEVERIN

FERNAND

BEDU

Dire que Fernand est mort
Dire qu'il est mort Fernand
Dire que je suis seul derrière
Dire qu'il est seul derrière
Dire qu'il est seul devant
Lui dans sa dernière bière
Moi dans mon brouillard
Lui dans son corbillard
Et moi dans mon désert
Devant il n'y a qu'un cheval blanc
Derrière il n'y a que moi
qui pleure
Dire qu'y a même pas de vent
Pour agiter mes fleurs
Moi, si j'étais le Bon Dieu
Je crois que j'aurais
des remords
Dire que maintenant il pleut
Dire que Fernand est mort

Dire qu'on traverse Paris
Dans le tout petit matin
Dire qu'on traverse Paris
Et qu'on dirait Berlin
Toi toi toi tu sais pas tu dors
Mais c'est triste à mourir
D'être obligé de partir
Quand Paris dort encore
Moi je crève d'envie
De réveiller des gens
Je t'inventerai une famille
Juste pour ton enterrement
Et puis si j'étais le Bon Dieu
Je crois que je serais pas fier
Je sais on fait ce qu'on peut
Mais y a la manière

Tu sais je reviendrai
Je reviendrai souvent
Dans ce putain de champs
Où tu dois te reposer
L'été je te ferai de l'ombre
On boira du silence
A la santé de Constance
Qui se fout bien de ton ombre
Et puis les adultes sont telle-
ment cons
Qu'ils nous feront bien une
guerre
Alors je viendrai pour de bon
Dormir dans ton cimetière
Et maintenant Bon Dieu
Tu vas bien rigoler
Et maintenant Bon Dieu
Maintenant je vais pleurer.

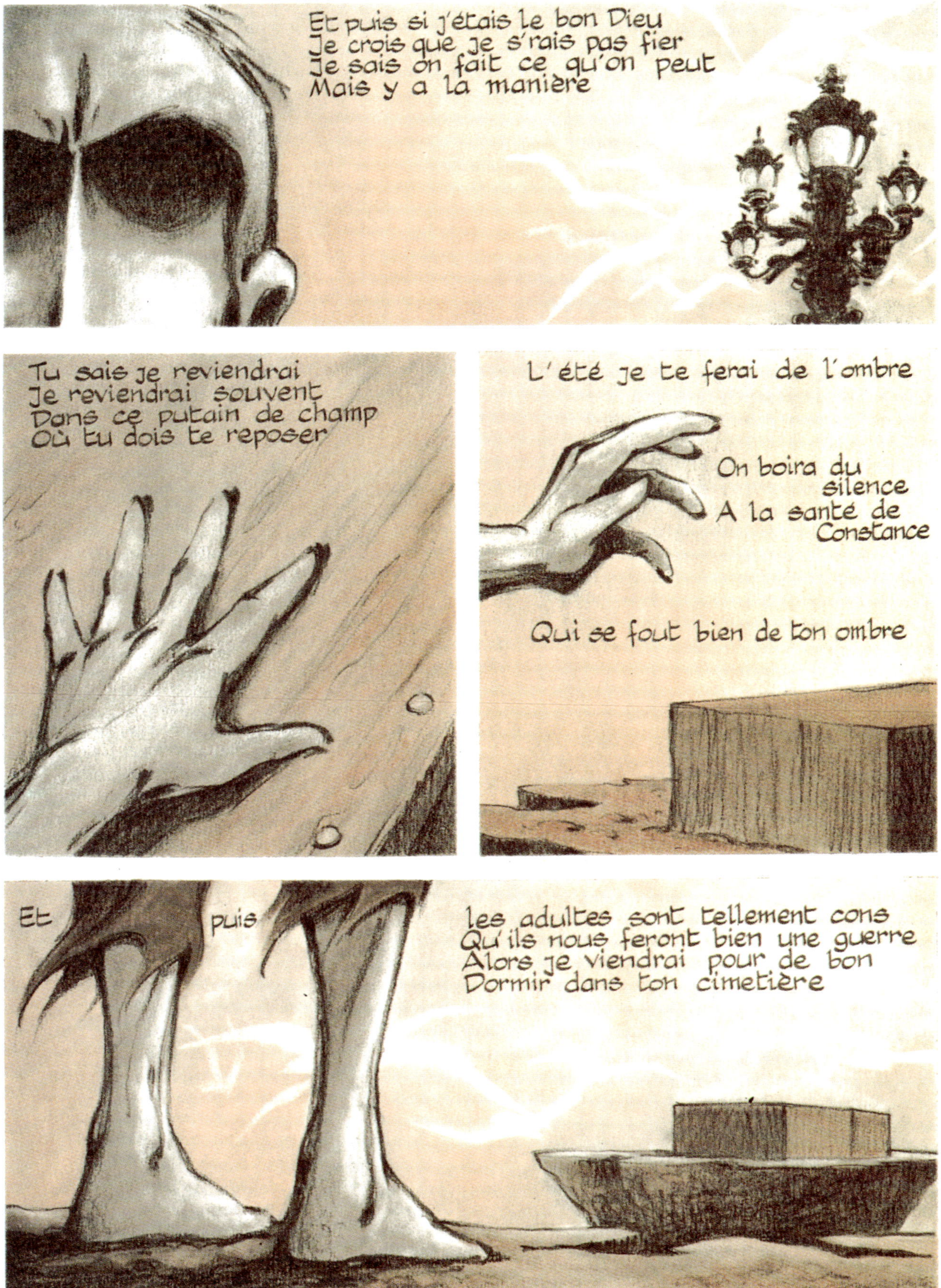
Et puis si j'étais le bon Dieu
Je crois que je s'rais pas fier
Je sais on fait ce qu'on peut
Mais y a la manière
Tu sais je reviendrai
Je reviendrai souvent
Dans ce putain de champ
Où tu dois te reposer
L'été je te ferai de l'ombre
On boira du silence
A la santé de Constance
Qui se fout bien de ton ombre
Et
puis
les adultes sont tellement cons
Qu'ils nous feront bien une guerre
Alors je viendrai pour de bon
Dormir dans ton cimetière

Et maintenant Bon Dieu
Tu vas bien rigoler
Et maintenant Bon Dieu
Maintenant
je vais pleurer.

IL NEIGE SUR LIÈGE

SALÉMIE

Il neige il neige sur Liège
Et la neige sur Liège
pour neiger met des gants
Il neige il neige sur Liège
Croissant noir de la Meuse
sur le front d'un clown blanc
Il est brisé le cri
Des heures et des oiseaux
Des enfants à cerceaux
Et du noir et du gris
Il neige il neige sur Liège
Que le fleuve traverse
sans bruit

Il neige il neige sur Liège
Et tant toune la neige
entre le ciel et Liège
Qu'on ne sait plus
s'il neige s'il neige sur Liège
Ou si c'est Liège
qui neige vers le ciel
Et la neige marie
Les amants débutants
Les amants promenant
Sur le carré blanchi
Il neige il neige sur Liège
Que le fleuve transporte
sans bruit

Ce soir ce soir il neige
sur mes rêves et sur Liège
Que le fleuve transperce
sans bruit.

LA CHANSON DE JACKY

CONRAD

Même si un jour
à Knokke-le-Zoute
Je deviens comme je le redoute
Chanteur pour femmes finissantes
Même si je leur chante
«Mi Còrazon»
Avec la voix bandonéante
D'un argentin de Carcassonne
Même si on m'appelle Antonio
Que je brûle mes derniers feux
En échange de quelques cadeaux
Madame je fais ce que je peux
Même si je me saoule à l'hydromel
Pour mieux parler de virilité
A des mémères décorées
Comme des arbres de Noël
Je sais que dans ma soûlographie
Chaque nuit pour
des éléphants roses
Je leur chanterai
ma chanson morose
Celle du temps
où je m'appelais Jacky

Etre une heure,
une heure seulement
Etre une heure,
une heure quelquefois
Etre une heure,
rien qu'une heure durant
Beau, beau, beau, beau,
et con à la fois

Même si un jour à Macao
Je deviens gouverneur de tripot
Cerclé de femmes languissantes
Même si lassé d'être chanteur
J'y sois devenu maître chanteur
Et que ce soient les autres
qui chantent

Même si on m'appelle
le beau Serge
Que je vende
des bateaux d'opium
du whisky de
Clermont-Ferrand
De vrais pédés
de fausses vierges
Que j'aie une banque
à chaque doigt
Et un doigt dans chaque pays
Que chaque pays soit à moi
Je sais quand même
que chaque nuit
Tout seul au fond de ma fumerie
Pour un public de vieux Chinois
Je leur chanterai
ma chanson à moi
Celle du temps
où je m'appelais Jacky

Même si un jour au paradis
Je deviens comme
j'en serais surpris
Chanteur pour femmes
à ailes blanches
Que je leur chante Alleluia
En regrettant le temps d'en bas
Où c'est pas
tous les jours dimanche
Même si on m'appelle
Dieu le père
Celui qui est dans l'annuaire
Entre Dieulefit et
Dieu vous garde
Même si je me laisse
pousser la barbe
Même si toujours
trop bonne pomme
Je me crève le cœur
et le pur esprit
A vouloir consoler les hommes
Je sais quand même
que chaque nuit
J'entendrai dans mon paradis
Les Anges, les Saints et Lucifer
Me chanter ma chanson
de naguère
Celle du temps
où je m'appelais Jacky.

RESTÉ SEUL AVEC LUI-MÊME, MAÎTRE JACKY EST BIEN EMBARRASSÉ ...
GLOU GLOU
CAR MAÎTRE JACKY N'EST PAS SEULEMENT LAID, LAID, LAID!...
JE N'AI PAS LE COURAGE DE DÉTRUIRE CET ÉPOUVANTABLE CHEF D'ŒUVRE!
GARGL!
L'ARTISTE S'EST DONNÉ TANT DE MAL.. ET C'EST SI RESSEMBLANT!
...IL EST AUSSI BON, BRAVE ET HONNÊTE!
ALORS, IL NE LUI RESTE QU'À RÊVER...
MAIS OUI! C'EST BIEN MOI: MAÎTRE JACKY!
QUEL PIED MAGNIFIQUE ...
UN RÉGAL!
BIZZ
J'EN REPRENDS ...
ZZOUIII, ET JE SUIS BEAU, BEAU, BEAU!
OUI, BEAU!... MAIS UNE NUIT SEULEMENT..
GLLL
C'EST L'HEURE DE MA PROMENADE! ...

MAÎTRE JACKY CONTINUA SA PROMENADE, EN ESSAYANT DE PASSER INAPERÇU...

D. CONRAD.

CES GENS-LÀ

DANY

D'abord il y a l'aîné
Lui qui est comme un melon
Lui qui a un gros nez
Lui qui sait plus son nom
Monsieur tellement qu'y boit
Ou tellement qu'il a bu
Qui fait rien de ses dix doigts
Mais lui qui n'en peut plus
Lui qui est complètement cuit
Et qui se prend pour le roi
Qui se saoule toutes les nuits
Avec du mauvais vin
Mais qu'on retrouve matin
Dans l'église qui roupille
Raide comme une saillie
Blanc comme un cierge de Pâques
Et puis qui balbutie
Et qui a l'œil qui divague
Faut vous dire Monsieur
Que chez ces gens-là
On ne pense pas Monsieur
On ne pense pas on prie

Et puis, il y a l'autre
Des carottes dans les cheveux
Qu'a jamais vu un peigne
Qu'est méchant comme une teigne
Même qu'il donnerait sa chemise
A des pauvres gens heureux
Qui a marié la Denise
Une fille de la ville
Enfin d'une autre ville
Et que c'est pas fini
Qui fait ses petites affaires
Avec son petit chapeau
Avec son petit manteau
Avec sa petite auto
Qu'aimerait bien avoir l'air
Mais qui n'a pas l'air du tout

Faut pas jouer les riches
quand on n'a pas le sou
Faut vous dire Monsieur
Que chez ces gens-là
On ne vit pas Monsieur
On ne vit pas on triche

Et puis, il y a les autres
La mère qui ne dit rien
Ou bien n'importe quoi
Et du soir au matin
Sous sa belle gueule d'apôtre
Et dans son cadre en bois
Il y a la moustache du père
Qui est mort d'une glissade
Et qui regarde son troupeau
Bouffer la soupe froide
Et ça fait des grands chloup
Et ça fait des grands chloup
Et puis il y a la toute vieille
Qu'en finit pas de vibrer
Et qu'on attend qu'elle crève
Vu que c'est elle qu'a l'oseille
Et qu'on n'écoute même pas
Ce que ses pauvres
mains racontent
Faut vous dire Monsieur
Que chez ces gens-là
On ne cause pas Monsieur
On ne cause pas on compte

Et puis et puis
Et puis il y a Frida
Qui est belle comme un soleil
Et qui m'aime pareil
Que moi j'aime Frida
Même qu'on se dit souvent
Qu'on aura une maison
Avec des tas de fenêtres
Avec presque pas de murs
Et qu'on vivra dedans
Et qu'il fera bon y être
Et que si c'est pas sûr
C'est quand même peut-être
Parce que les autres veulent pas
Parce que les autres veulent pas
Les autres ils disent comme ça
Qu'elle est trop belle pour moi
Que je suis tout juste bon
A écorcher les chats
J'ai jamais tué de chats
Ou alors y a longtemps
Ou bien j'ai oublié
Ou ils sentaient pas bon
Enfin ils ne veulent pas
Enfin ils ne veulent pas
Parfois quand on se voit
Semblant que c'est pas exprès
Avec ses yeux mouillants
Elle dit qu'elle partira
Elle dit qu'elle me suivra
Alors pour un instant
Pour un instant seulement
Alors moi je la crois Monsieur
Pour un instant
Pour un instant seulement
Parce que chez ces gens-là
Monsieur on ne s'en va pas
On ne s'en va pas Monsieur
On ne s'en va pas
Mais il est tard Monsieur
Il faut que je rentre chez moi.

AU REVOIR, FRIDA,,,
AH, TE VOILÀ TOI ! C'EST À CETTE HEURE CI QUE TU RENTRES POUR MANGER ? DÉCIDEMMENT, TU NE PEUX JAMAIS RIEN FAIRE COMME TOUT LE MONDE !,,,
TU ÉTAIS ENCORE EN TRAIN DE PERDRE TON TEMPS AVEC CETTE FILLE, HEIN ?,,, PAUVRE CLOCHE, VA ! TU NE VOIS DONC PAS QU'ELLE SE FOUT DE TOI, TA FRIDA !,,,
,,, ELLE EST BEAUCOUP TROP BIEN POUR TOI,,, TOI, T'ES TOUT JUSTE BON À ÉCORCHER LES CHATS !
NON ! C'EST PAS VRAI !,,,
,,, J'AI JAMAIS TUÉ DE CHATS !,,,
,,, OU ALORS Y A LONGTEMPS,,,
,,, OU BIEN J'AI OUBLIÉ ,,,
,,, OU ILS SENTAIENT PAS BON,,,
ALORS, JEUNE HOMME, ÇA NE VA PAS ? JE PEUX VOUS AIDER ?
HEU ?,,, NON, ÇA VA,,, MAIS EXCUSEZ-MOI, MONSIEUR, IL EST TARD,,, IL FAUT QUE JE RENTRE,,,
,,, CHEZ MOI,,,
4
DANY 87

MON PÈRE DISAIT

JARRY

Mon père disait
C'est le vent du nord
Qui fait craquer les digues
A Scheveningen
A Scheveningen petit
Tellement fort
Qu'on ne sait plus qui navigue
La mer du Nord
Ou bien les digues
C'est le vent du nord
Qui transperce les yeux
Des hommes du Nord
Jeunes ou vieux
Pour faire chanter
Des carillons de bleu
Venus du Nord
Au fond de leurs yeux

Mon père disait
C'est le vent du nord
Qui fait tourner la terre
Autour de Bruges
Autour de Bruges petit
C'est le vent du nord
Qui a raboté la terre
Autour des tours
Des tours de Bruges
Et qui fait que nos filles
Ont le regard tranquille
Des vieilles villes
Des vieilles villes
Qui fait que nos belles
Ont le cheveu fragile
De nos dentelles
De nos dentelles

Mon père disait
C'est le vent du nord
Qui fait craquer la terre
Entre Zeebrugge
Entre Zeebrugge petit
C'est le vent du nord
Qui fait craquer la terre
Entre Zeebrugge
Et l'Angleterre
Et Londres n'est plus
Comme avant le déluge
Le point de Bruges
Narguant la mer
Londres n'est plus
Que le faubourg de Bruges
Perdu en mer
Perdu en mer

Mais mon père disait
C'est le vent du nord
Qui portera en terre
Mon corps sans âme
Et sans colère
C'est le vent du nord
Qui portera en terre
Mon corps sans âme
Face à la mer
C'est le vent du nord
Qui me fera capitaine
D'un brise-lames
Ou d'une baleine
C'est le vent du nord
Qui me fera capitaine
D'un brise-larmes
Pour ceux que j'aime.

Mon Père disait
C'est le vent du Nord
Qui fait craquer la terre
Entre Zeebrugge
FERRY - BOATS
Entre Zeebrugge,
petit
C'est le vent du Nord
Qui a fait craquer la terre
Entre Zeebrugge
Et l'Angleterre
TOWNSEND THORESE
ALORS CE SERAIT LE VENT DU NORD QUI... TU SAIS... LE TRUC, LÀ... AVEC LE FERRY...
ALLONS... NUMA... C'EST UNE IMAGE...
Et Londres n'est plus
Comme avant le déluge
Le point de Bruges
Narguant la mer
Londres n'est plus
Que le faubourg de Bruges
Perdu en mer
Perdu en mer

Mais mon Père disait
C'est le vent du Nord
Qui portera en terre
Mon corps sans âme
Et sans colère
C'est le vent du Nord
Qui portera en terre
Mon corps sans âme
Face à la mer
C'est le vent du Nord
Qui me fera capitaine
D'un brise-lames
Ou d'une baleine
C'est le vent du Nord
Qui me fera capitaine
D'un brise-larmes
HELP!
Pour ceux que j'aime
QU'EST-CE QU'ELLE EST BELLE, CETTE CHANSON, MAMAN....
PASSE-MOI LE CASQUE, NUMA, J'AIMERAIS ENCORE L'ÉCOUTER...
SI ELLE VA JUSQU'AU BOUT... LES PILES SONT PLATES, JE CROIS...
AH BON !?.. J'CROYAIS QU'ELLES ÉTAIENT CYLINDRIQUES...
C'EST UNE IMAGE, MAMAN...
FIN

LA CHANSON DES VIEUX AMANTS

LAMQUET

Bien sûr, nous eûmes
des orages
Vingt ans d'amour,
c'est l'amour fol
Mille fois tu pris ton bagage
Mille fois je pris mon envol
Et chaque meuble se souvient
Dans cette chambre sans berceau
Des éclats des vieilles tempêtes
Plus rien ne ressemblait à rien
Tu avais perdu le goût de l'eau
Et moi celui de la conquête

Mais mon amour
Mon doux mon tendre
mon merveilleux amour
De l'aube claire
jusqu'à la fin du jour
Je t'aime encore
tu sais je t'aime

Moi, je sais tous tes sortilèges
Tu sais tous mes envoûtements
Tu m'as gardé de piège en piège
Je t'ai perdue de temps en temps
Bien sûr tu pris quelques amants
Il fallait bien passer le temps
Il faut bien que le corps exulte
Finalement finalement
Il nous fallut bien du talent
Pour être vieux sans être adultes

Oh, mon amour
Mon doux mon tendre
mon merveilleux amour
De l'aube claire
jusqu'à la fin du jour
Je t'aime encore,
tu sais, je t'aime

Et plus le temps
nous fait cortège
Et plus le temps
nous fait tourment
Mais n'est-ce pas le pire piège
Que vivre en paix
pour des amants
Bien sûr tu pleures
un peu moins tôt
Je me déchire un peu plus tard
Nous protégeons moins
nos mystères
On laisse moins faire le hasard
On se méfie du fil de l'eau
Mais c'est toujours
la tendre guerre

Oh, mon amour
Mon doux mon tendre
mon merveilleux amour
De l'aube claire
jusqu'à la fin du jour
Je t'aime encore,
tu sais, je t'aime.

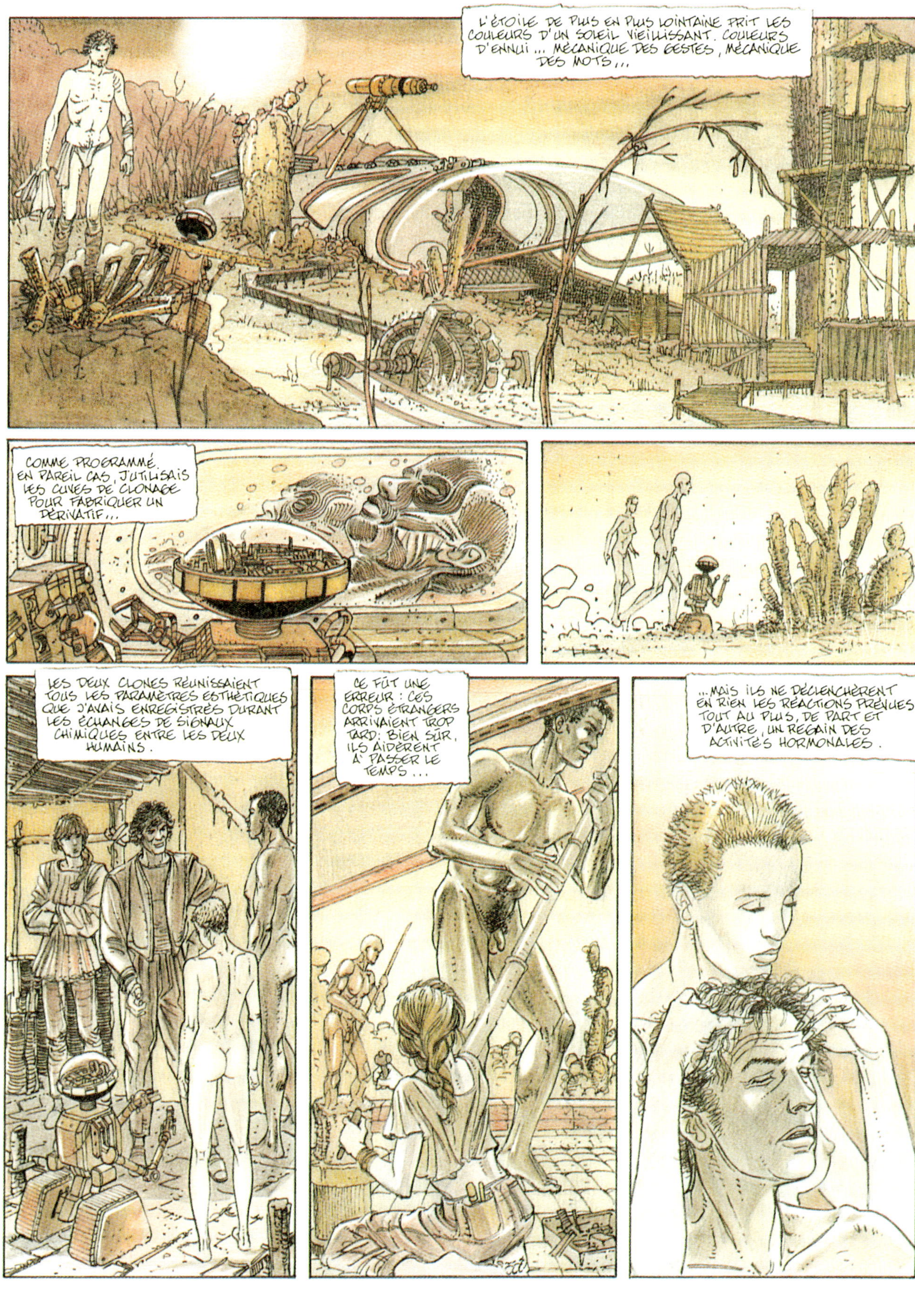
L'ÉTOILE DE PLUS EN PLUS LOINTAINE PRIT LES COULEURS D'UN SOLEIL VIEILLISSANT. COULEURS D'ENNUI ... MÉCANIQUE DES GESTES, MÉCANIQUE DES MOTS,,,
COMME PROGRAMMÉ, EN PAREIL CAS, J'UTILISAIS LES CUVES DE CLONAGE POUR FABRIQUER UN DÉRIVATIF,,,
LES DEUX CLONES RÉUNISSAIENT TOUS LES PARAMÈTRES ESTHÉTIQUES QUE J'AVAIS ENREGISTRÉS DURANT LES ÉCHANGES DE SIGNAUX CHIMIQUES ENTRE LES DEUX HUMAINS.
CE FÛT UNE ERREUR : CES CORPS ÉTRANGERS ARRIVAIENT TROP TARD: BIEN SÛR, ILS AIDÈRENT À PASSER LE TEMPS ...
...MAIS ILS NE DÉCLENCHÈRENT EN RIEN LES RÉACTIONS PRÉVUES: TOUT AU PLUS, DE PART ET D'AUTRE, UN REGAIN DES ACTIVITÉS HORMONALES.

Chris Lamquet — COULEURS : CATH. LAMY —

LE CHEVAL

ROSSI

J'étais vraiment
J'étais bien plus heureux
Bien plus heureux avant
quand j'étais cheval
Que je traînais Madame
votre landau
Jolie Madame
dans les rues de Bordeaux
Mais tu as voulu
que je sois ton amant
Tu as même voulu
que je quitte ma jument
Je n'étais qu'un cheval,
oui, oui,
mais tu en as profité
Par amour pour toi,
je me suis déjumenté.
Et depuis toutes les nuits
Dans ton lit de satin blanc
Je regrette mon écurie
Mon écurie et ma jument

J'étais vraiment
vraiment bien plus heureux
Bien plus heureux avant
quand j'étais cheval
Que tu te foutais Madame
la gueule par terre
Jolie Madame
quand tu forçais le cerf
Mais tu as voulu
que j'apprenne
les bonnes manières
Tu as voulu
que je marche
sur les pattes de derrière
Je n'étais qu'un cheval,
oui, oui,

mais tu m'as couillonné
Par amour pour toi
je me suis derriérisé
Et depuis toutes les nuits
Quand nous dansons le tango
Je regrette mon écurie
Mon écurie et mon galop

J'étais vraiment
vraiment bien plus heureux
Bien plus heureux avant
quand j'étais cheval
Que je te promenais Madame
sur mon dos
Jolie Madame
en forêt de Fontainebleau
Mais tu as voulu
que je sois ton banquier
Tu as même voulu
que je me mette à chanter
Je n'étais qu'un cheval,
oui, oui,
mais tu en as abusé
Par amour pour toi,
je me suis variété
Et depuis toutes les nuits
Quand je chante
«ne me quitte pas»
Je regrette mon écurie
Et mes silences d'autrefois

Et puis et puis
tu es partie radicale
Avec un zèbre,
un zèbre mal rayé
Le jour Madame
où je t'ai refusé
D'apprendre à monter à cheval
Mais tu m'avais pris
ma jument
mon silence,
Mes sabots, mon écurie,
mon galop
Tu ne m'as laissé
que mes dents
Et voilà pourquoi je cours,
je cours
Je cours le monde
en hennissant
Me voyant refuser l'amour
Par les femmes
et par les juments
J'étais vraiment
J'étais bien plus heureux
Bien plus heureux avant
quand j'étais cheval
Que je promenais Madame
votre landau
Quand j'étais cheval
et quand tu étais chameau.

J'ÉTAIS VRAIMENT
VRAIMENT BIEN PLUS HEUREUX
BIEN PLUS HEUREUX, AVANT
QUAND J'ÉTAIS CH'VAL,
QUE JE PROM'NAIS, MADAME,
VOTRE LANDAU
QUAND J'ÉTAIS CH'VAL
ET QUAND TU ÉTAIS
CHAMEAUUUUUU !...
ROSSI

REGARDE BIEN, PETIT

DERIB

Regarde bien, petit, regarde bien
Sur la plaine là-bas
A hauteur des roseaux
Entre ciel et moulin
Y a un homme qui vient
Que je ne connais pas
Regarde bien, petit, regarde bien

Est-ce un lointain voisin
Un voyageur perdu
Un revenant de guerre
Un montreur de dentelles
Est-ce un abbé porteur
De ces fausses nouvelles
Qui aident à vieillir
Est-ce mon frère qui vient
Me dire qu'il est temps
D'un peu moins nous haïr
Ou n'est-ce que le vent
Qui gonfle un peu le sable
Et forme des mirages
Pour nous passer le temps

Ce n'est pas un voisin
Son cheval est trop fier
Pour être de ce coin
Ou revenir de guerre
Ce n'est pas un abbé
Son cheval est trop pauvre
Pour être paroissien
Ce n'est pas un marchand
Son cheval est trop clair
Son habit est trop blanc
Et aucun voyageur
N'a plus passé le pont
Depuis la mort du père
Ni ne sait nos prénoms

Non ce n'est pas mon frère
Son cheval aurait bu
Non ce n'est pas mon frère
Il ne l'oserait plus
Il n'est plus rien ici
Qui puisse le servir
Non ce n'est pas mon frère
Mon frère a pu mourir
Cette ombre de midi
Aurait plus de tourment
S'il s'agissait de lui
Allons c'est bien le vent
Qui gonfle un peu le sable
Pour nous passer le temps

Regarde bien, petit, regarde bien
Sur la plaine là-bas
A hauteur des roseaux
Entre ciel et moulin
Y a un homme qui part
Que nous ne saurons pas
Regarde bien, petit, regarde bien
Il faut sécher tes larmes
Y a un homme qui part
Que nous ne saurons pas
Tu peux ranger les armes.

MERCI JACQUES BREL
DERIB 87

LA BIÈRE

SERVAIS

Ça sent la bière
de Londres à Berlin
Ça sent la bière,
Dieu qu'on est bien
Ça sent la bière
de Londres à Berlin
Ça sent la bière
donne-moi la main

C'est plein d'Uilenspiegel
Et de ses cousins
Et d'arrière-cousins
De Breughel l'Ancien
C'est plein de vent du nord
Qui mord comme un chien
Le port qui dort
Le ventre plein

C'est plein de verres pleins
Qui vont à kermesse
Comme vont à messe
Vieilles au matin
C'est plein de jours morts
Et d'amours gelées
Chez nous y a que l'été
Que les filles aient un corps

C'est plein de finissants
Qui soignent leurs souvenirs
En mouillant de rires
Leurs poiluchons blancs
C'est plein de débutants
Qui soignent leur vérole
En caracolant
De «prosit» en «skol»

C'est plein de «Godverdomme»
C'est plein d'Amsterdam
C'est plein de mains d'hommes
Aux croupes des femmes
C'est plein de mémères
Qui ont depuis toujours
Un sein pour la bière
Un sein pour l'amour

C'est plein d'horizons
A vous rendre fou
Mais l'alcool est blond
Le diable est à nous
Les gens sans Espagne
Ont besoin des deux
On fait des montagnes
Avec ce qu'on peut.

Ca sent la bière
Dieu qu'on est bien...
HA! HA!... SACRÉ ALBERT!
CLINC!
BIENVENUE, ALBERT... LE DIABLE EST À TOI... HA! HA!... ENTRE, ELLE T'ATTEND...
ALBERT, MON CHÉRI!...

MA GILBERTE, ENFIN JE TE RETROUVE ...
ALLEZ ON FERME! ...
ALLEZ, TOUT LE MONDE DEHORS!
POC POC
VIENS, ALBERT... HIPS!... 'FAUT S'EN ALLER!...
HUM?!
C'EST À CETTE HEURE-CI QUE TU RENTRES?!!... JE T'AI ATTENDU TOUTE LA NUIT!... TU M'AS ENCORE LAISSÉ LES MÔMES SUR LE DOS... ET TU AS ENCORE BU TA PAIE!!...
MAIS, GILBERTE ...
CLAC!
TAIS-TOI, TU PUES LA BIÈRE!
J.C. SERVAIS

KNOKKE LE ZOUTE

JANNIN

Les soirs où je suis Argentin
Je m'offre quelques Argentines
Quitte à cueillir dans les vitrines
Des jolis quartiers d'Amsterdam
Des lianes qui auraient
ce teint de femme
Qu'exportent vos cités latines
Ces soirs-là je les veux félines
Avec un rien de brillantine
Collée au cheveu de la langue
Elles seraient fraîches
comme des mangues
Et compenseraient
leurs maladresses
A coups de poitrine
et de fesses

Mais ce soir y a pas d'Argentines
Y a pas d'espoir
Et y a pas de doute non
Ce soir il pleut
sur Knokke-le-Zoute
Ce soir comme tous les soirs
Je me rentre chez moi
Le cœur en déroute
Et la bite sous le bras

Les soirs où je suis Espagnol
Petites fesses grande bagnole
Elles passent toutes
à la casserole
Quitte à pourchasser
dans Hambourg
Des Carmencitas de faubourg
Qui nous reviennent de vérole
Je me les veux fraîches
et joyeuses
Bonnes travailleuses
sans parlote

Mi-andalouses mi-onduleuses
De ces femelles
qu'on gestapote
Parce qu'elles ne savent
pas encore
Que Franco est tout à fait mort

Mais ce soir y a pas d'Espagnoles
Y a pas de casserole
Et y a pas de doute, non
Ce soir il pleut
sur Knokke-le-Zoute
Ce soir comme tous les soirs
Je me rentre chez moi
Le cœur en déroute
Et la bite sous le bras

Les soirs où je suis Caracas
Je Panama je Partagas
Je suis le plus beau
je pars en chasse
Je glisse de palace en palace
Pour y dénicher le gros lot
Qui n'attend que
mon coup de grâce
Je la veux folle
comme un travelo
Découverte de vieux rideaux
Mais cependant évanescente
Elle m'attendrait depuis toujours
Cerclée de serpents et de plantes
Parmi les livres de Dutourd

Mais ce soir y a pas de Caracas
Y a pas d'évanescence
Et y a pas de doute, non
Ce soir il pleut
sur Knokke-le-Zoute
Ce soir comme tous les soirs
Je me rentre chez moi
Le cœur en déroute
Et la bite sous le bras

Mais
Demain
Oui peut-être que demain
Je serai Argentin
Oui
Je m'offrirai des Argentines
Quitte à cueillir dans les vitrines
Des jolis quartiers d'Amsterdam
Des lianes qui auraient
ce teint de femme
Qu'exportent vos cités latines
Demain je les voudrai félines
Avec ce rien de brillantine
Collée au cheveu de la langue
Elles seront fraîches
comme des mangues
Et compenseront
leurs maladresses
A coups de poitrine
et de fesses

Demain je serai Espagnol
Petites fesses grande bagnole
Elles passeront toutes
à la casserole
Quitte à pourchasser
dans Hambourg
Des Carmencitas de faubourg
Qui nous reviendront de vérole
Je les voudrais fraîches
et joyeuses
Bonnes travailleuses
sans parlote
Mi-andalouses mi-onduleuses
De ces femelles qu'on gestapote
Parce qu'elles ne savent
pas encore
Que Franco est tout à fait mort

Les soirs où je suis Caracas
Je Panama je Partagas
Je suis le plus beau
je pars en chasse
Je glisse de palace en palace
Pour y dénicher le gros lot
Qui n'attend que
mon coup de grâce
Je la veux folle
comme un travelo
Découverte de vieux rideaux
Mais cependant évanescente
Elle m'attendrait depuis toujours
Cerclée de serpents
et de plantes
Parmi les livres de Dutourd.

ORLY

AIDANS

Ils sont plus de deux mille
Et je ne vois qu'eux deux
La pluie les a soudés
Semble-t-il l'un à l'autre
Ils sont plus de deux mille
Et je ne vois qu'eux d'eux
Et je les sais qui parlent
Il doit lui dire je t'aime
Elle doit lui dire je t'aime
Je crois qu'ils sont en train
De ne rien se promettre
Ces deux-là sont trop maigres
Pour être malhonnêtes

Ils sont plus de deux mille
Et je ne vois qu'eux deux
Et brusquement il pleure
Il pleure à gros bouillons
Tout entourés qu'ils sont
D'adipeux en sueur
Et de bouffeurs d'espoir
Qui les montrent du nez
Mais ces deux déchirés
Superbes de chagrin
Abandonnent aux chiens
L'exploit de les juger

La vie ne fait pas de cadeau
Et nom de Dieu c'est triste
Orly le dimanche
Avec ou sans Bécaud

Et maintenant ils pleurent
Je veux dire tous les deux
Tout à l'heure c'était lui
Lorsque je disais «il»
Tout encastrés qu'ils sont
Ils n'entendent plus rien
Que les sanglots de l'autre

Et puis,
Et puis infiniment
Comme deux corps qui prient
Infiniment lentement
Ces deux corps se séparent
Et en se séparant
Ces deux corps se déchirent
Et je vous jure qu'ils crient
Et puis ils se reprennent
Redeviennent un seul
Redeviennent le feu
Et puis se redéchirent
Se tiennent par les yeux
Et puis en reculant
Comme la mer se retire
Il consomme l'adieu
Il bave quelques mots
Agite une vague main
Et brusquement il fuit
Fuit sans se retourner
Et puis il disparaît
Bouffé par l'escalier

La vie ne fait pas de cadeau
Et nom de Dieu c'est triste
Orly le dimanche
Avec ou sans Bécaud.

Et puis il disparaît
Bouffé par l'escalier
Et elle, elle reste là
Coeur en croix, bouche ouverte
Sans un cri sans un mot
Elle connaît sa mort
Elle vient de la croiser
Voilà qu'elle se retourne
Et se retourne encore
Ses bras vont jusqu'à terre
Ça y est elle a mille ans
La porte est refermée
La voilà sans lumière
Elle tourne sur elle-même
Et déjà elle sait
Qu'elle tournera toujours
Elle a perdu des hommes
Mais là elle perd l'amour
L'amour le lui a dit
Revoilà l'inutile
Elle vivra de projets
Qui ne feront qu'attendre
La revoilà fragile
Avant que d'être à vendre

Je suis là je la suis
Je n'ose rien pour elle
Que la foule grignotte
Comme un quelconque fruit.

IL BAVE QUELQUES MOTS AGITE UNE VAGUE MAIN
ET BRUSQUEMENT IL FUIT FUIT SANS SE RETOURNER
ET PUIS IL DISPARAIT BOUFFÉ PAR L'ESCALIER
LA VIE NE FAIT PAS DE CADEAU! ET NOM DE DIEU C'EST TRISTE ORLY, LE DIMANCHE, AVEC OU SANS BÉCAUD!
ET ELLE, ELLE RESTE LÀ COEUR EN CROIX, BOUCHE OUVERTE SANS UN CRI SANS UN MOT.
ELLE CONNAÎT SA MORT ELLE VIENT DE LA CROISER
VOILÀ QU'ELLE SE RETOURNE ET SE RETOURNE ENCORE
SES BRAS VONT JUSQU'À TERRE ÇA Y EST ELLE A MILLE ANS
ORLY EST
JE SUIS LÀ, JE LA SUIS JE N'OSE RIEN POUR ELLE QUE LA FOULE GRIGNOTE COMME UN QUELCONQUE FRUIT.
TAXI
4

FONDATION INTERNATIONALE JACQUES BREL ASBL
Place de la Vieille Halle aux Blés, 11
1000 BRUXELLES
Tél. : (322) 511.10.20
Fax : (322) 511.10.21

Achevé d'imprimer et relié en Octobre 1997
sur les presses de l'imprimerie POLLINA
Z.I. de Chasnais, 85400 Luçon - n° 73120